LEMON SOUR
& OTSUMAMI

SHUSHI ISSON
HISATO OHNO

レモンサワー
と
酒場のつまみ

レモンサワーがおいしいバー
「酒肆 一村」店主
大野尚人 著

はじめに

レモンサワー生活、はじめませんか?

ボクは2013年11月11日、東京の下町・門前仲町に日本酒を主体とした酒場「酒亭 沿露目」を開業しました。その3年後、同じ門前仲町に2店目としてオープンしたのが、レモンサワーを売りにした酒場「酒肆 一村」です。でも、なぜレモンサワーなのか?

千葉県にある実家の応接間にはウィスキーやブランデーのボトルが飾ってあり、日曜日には父親にビール工場に連れて行かれ、夏休みの家族旅行では地方の酒蔵を見学と、ボクはとにかくお酒に囲まれた環境で育ちました。

そんなボクは、2浪を経て大学に入学。映画制作のサークルに入ったのですが、先輩と飲みにばかり行っていました。そのころ愛読していたのは、『散歩の達人』や太田和彦さんの著書です。これらの雑誌や本も参考にしながら、大学近くの神楽坂を中心に、先輩と毎日のように酒場めぐりをしていたのです。

そんなある日、それまで足を踏み入れることがなかった「バー」という世界にふれる機会がありました。少し、いや、かなり緊張したのを覚えています。そこで飲んだ「ジントニック」が、ボクにとって衝撃の一杯になりました。グラスに鼻を近づけると感じられる柑橘系の爽快な香り、ひと口目のシュワッとした喉越し、甘味と苦味と酸味の絶妙なバランス。カクテルには、無限の可能性が秘められていると感じました。

大学を卒業し、サラリーマンとして営業職に就いたものの、結局は飲食の世界に。このころもバーめぐりを続けていて、日本中のバーを訪れていました。そこでふたたび衝撃を受けたのが、当時は銀座の「Land Bar」、いまは新橋にある「Land Bar artisan」のバーテンダー・伊藤大輔さんがつくるジントニックでした。伊藤さんは、一般的に使われるライムではなく、レモンを使っていました。つまりは「超おいしいレモンサワー」です。

ボクはこの、これまで味わったことがないような最高においしい「レモンサワー」を飲みたくて、毎週のように店に通いました。これがきっかけになり、酒場に行ってもそれまで敬遠していたレモンサワーを飲むようになったのです。しかしながら、巷の酒場のレモンサワーは氷が溶けて水っぽいものばかり。「伊藤さんのレモンサワーをおいしいつまみと一緒に味わえる店があったらなぁ。いや、だったら、自分でつくっちゃえ！」——こうして生まれたのが「酒肆一村」という店です。

この本では和食、洋食、中華……とジャンルを問わず、ボクが考案したレモンサワーに合うつまみを100品以上紹介しています。お店で提供している特製レモンサワーのレシピも掲載しました。仕事から疲れて帰った夜に、休日の昼下がりに、キンキンに冷えたレモンサワーと小粋なつまみで、シュワッと乾杯しちゃいましょ。この本を手にした今日から「レモンサワー生活」のスタートです！

「酒肆一村」店主　**大野尚人**

レモンサワーと酒場のつまみ　もくじ

レモンサワー生活、はじめませんか？——はじめに
002

一村流 おいしいレモンサワー講座
008

名代 010
塩味 012
甘味 014
辛味 016
苦味 018

特製レモンサワーのつくり方

5種のレモンサワーに合う とっておきの20品

名代・甘味 玉子サンド 022
甘味・苦味 ブルーチーズとしらすのきつね焼き 023
名代・塩味・辛味 しゃぶしゃぶ豚汁 024
名代・塩味 牛肉シウマイ 025
名代・甘味 豚の角煮 じゃがいもあんかけ 026
甘味・辛味 うなぎの蒲焼きと九条ねぎの卵とじ 027
甘味・辛味 鶏つくねとスナップエンドウ 黒酢あんかけ 028
甘味・苦味 さばスモーク 029
名代 里芋と牛肉のコロッケ 030
塩味・辛味 茄子とトマトのチリコンカン 031

甘味・辛味 サーモンとパクチーの生春巻き 032
甘味 海老とアボカドのグラタン 033
甘味・苦味 浅利酒蒸し レモンバター風味 034
塩味・辛味 鰺バーグ照り焼き 035
名代・塩味 チキンバスケット 036
名代・甘味・辛味 海老とカニかまのクリームコロッケ 037
塩味・辛味 鶏そぼろと春雨の春巻き 038
名代・辛味 きつね煮やっこ 039
塩味・辛味 もっとトマトのオイスターソース炒め 040
塩味・苦味 海老わんたん 041

自宅でつくれる 乙なバリエーションサワー

すだちサワー／お茶サワー／山椒サワー／マンゴーサワー／白桃サワー／メロンサワー／パッションフルーツサワー
042

撮影／伊藤高明　デザイン／青木宏之（Mag）　編集／石田哲大　校正／安孫子幸代

レモンサワーがゴクゴクすすむ 素材別おつまみ

魚介を使った小粋な酒肴

- **サーモン** スモークサーモンのなめろう 048
- **ホタルイカ** 蛍烏賊のオイル漬け 049
- **ホタテ** 帆立と水茄子の梅肉和え 049
- **タコ** たこの南蛮味噌和え 050
- **アジ** 鯵フライ 050
- **カキ** 牡蠣の黒胡椒煮 051
- **マグロ** まぐろキムチたたき 052
- **カツオ** かつおと新玉ねぎの漬け 053
- **シシャモ・メンタイコ** ししゃもと辛子明太子の燻製 053
- **イカ** 烏賊とレタスのにら醤油和え 054
- **カキ** 牡蠣フライ 054
- **エビ** 海老かつ 055
- **サンマ** さんま梅煮 056
- **エビ** 海老とカニかまの春巻き 057
- **ホタルイカ** 蛍烏賊のなめろう 057

- **箸休め 身近な素材でつくるお手軽つまみ その1** 058
  豆腐ステーキ／こんにゃくピリ辛焼き／かつお節とクリームチーズの梅たたき／酢わかめ

旬の野菜を味わう酒のアテ

- **オクラ** オクラのお浸し もろこしソースがけ 060
- **タマネギ** 新玉ねぎのステーキ 061
- **ナス** 水茄子の揚げ出し 061
- **エダマメ** おひたし枝豆 062
- **シイタケ** どんこ辛子煮 062
- **アボカド** アボカドのわさび醤油漬け 063
- **トマト** 冷やしだしトマト 064
- **ウリ** 白瓜のマスタード黄身酢和え 064
- **ナス** 焼き茄子 香味だれ 065
- **ハクサイ** 白菜とお揚げのあっさり煮 065
- **レンコン** 蓮根餅のズワイ蟹あんかけ 066
- **ハクサイ** 白菜の柚子胡椒漬け 067
- **キノコ** いろいろ茸の南蛮漬け 067
- **サトイモ** 里芋の揚げ出し 068
- **タマネギ・ウリ** 新玉ねぎと白瓜の味噌漬け 068
- **ナス** 水茄子とズッキーニの辛味噌炒め 069
- **ホウレンソウ** ほうれん草の酒盗バター炒め 070
- **ナガイモ** 長芋の辛子酢醤油漬け 071
- **フキ** 蕗味噌 071

レモンサワーと酒場のつまみ　もくじ

箸休め 身近な素材でつくるお手軽つまみ その2

生ハムとオリーブのクリームチーズ和え／岩海苔
奈良漬けとあんぽ柿バター／梅干し薬味たたき

072

お酒が欲しくなる肉系つまみ

- 鶏ムネ肉　蒸し鶏の九州醤油がけ 074
- スナギモ　砂肝と九条ねぎの辛子明太子和え 075
- 鶏レバー　鶏レバー オイル漬け 075
- 鶏肉　鶏わさ 076
- スナギモ　砂肝の薬味ポン酢 076
- モツ　もつ煮込み 077
- 鶏手羽　手羽とレーズンの黒酢煮 078
- 鶏ササミ　ささ身と白瓜の土佐酢和え 079
- 鶏カワ　鶏皮にんにく 079
- 牛肉　牛しぐれ煮 080
- 豚肉　焼豚 ガリ甘酢漬け添え 080
- スナギモ　砂肝とにんにくの芽のクミン炒め 081
- コンビーフ　コンビーフのじゃがいも饅頭 081

箸休め 身近な素材でつくるお手軽つまみ その3

いぶりがっことクリームチーズの味噌漬け／味つけ玉子／
大和芋いそべ揚げ／のり塩風わんたん

082

おつまみサラダと飲ませる惣菜

- キャベツ　春きゃべつとカニかまのコールスロー 084
- アスパラガス・タマネギ　アスパラと新玉ねぎの塩昆布和え 085
- ネギ　九条ねぎのじゃこ炒め 085
- ナス・生ハム　水茄子と生ハムのごま酢和え 086
- ハルサメ　春雨サラダ 四川辣油風味 086
- ジャガイモ　桜海老と男爵いものポテトサラダ 087
- ネギ　九条ねぎとあおさの冷奴 088
- 切干ダイコン　切干大根とシーチキンのサラダ 089
- ヒジキ　ひじきと大豆の白和え 089
- ゴボウ・セロリ　新ごぼうとセロリのカレーきんぴら 090
- ソラマメ　海老と椎茸のずんだ和え 091
- オカラ　卯の花 092
- 切干ダイコン　切干大根のキムチ 093
- カツオ　鰹なまり節の辛子マヨネーズ和え 093
- チクワ　ちくわと茗荷の酢味噌和え 094
- イシジク・生ハム　イチジクと生ハム マスカルポーネチーズ添え 094
- スパゲッティ　赤いサラスパ 095

おかわり 小腹がすいたら 一村流メシつまみ

牛かつサンド 096　ウスターソース玉飯 097
豆腐とちりめん山椒のおかゆ 098　しじみの酒蒸し 稲庭うどん 099
なめろう出汁茶漬け 100　かつサンド 101　ガーリックライス 102

「酒肆 一村」はこんなお店です 103

007

一村流 おいしいレモンサワー講座

せっかくなら自宅でもおいしいレモンサワーを飲みたいですよね？
ここではレモンサワーがもっとおいしくなるポイントを教えちゃいます。

ポイント1 氷

レモンサワーは、キンキンに冷えていてこそおいしい飲み物です。そのために必要なのが氷。自宅で水を凍らせてつくる氷は、すぐに溶けてせっかくのレモンサワーが水っぽくなってしまうので、かならずコンビニなどで売っている氷を使ってください。店ではブロックアイスを使っていますが、ロックアイスでも問題ありません。

ポイント3 スピリッツ

レモンサワーのベースには甲類の焼酎を使うのが一般的ですが、お店ではしっかりした風味を感じられるジンを使っています。焼酎でも悪くはないのですが、ジンのほうがアルコール度数が高く、冷凍庫に入れて冷やしても凍らないというメリットがあります。ジンはお好みでいいと思いますが、一村ではビーフィーター（40度）を使用。クセが少なく、ボタニカルにレモンピールを使っているので、レモンとの相性もいいですよ。

ジンのボトルは冷凍庫に入れてキンキンに冷やしておきましょう。「辛味レモンサワー」で使っているトウガラシを漬けたジンのように、スパイスやハーブなどを漬け込んで自分だけのオリジナルサワーをつくるのもおもしろいです。

ポイント2 グラス

飲んだときの口あたりがシャープに感じられるごく薄いグラスがおすすめです。店では375mlのタンブラーを使っています（写真左）。このくらいの分量が、ゴクゴク飲めてちょうどいいですね。写真右のような口が広いグラスだと、炭酸が抜けやすいので、シュワシュワ感を楽しみたいなら避けたほうがいいでしょう。

ポイント4
レモン果汁

レモンは一般的なものでOKです。そのつどスクイーザーや手で搾ってももちろんかまいません。お店ではまとめて搾って密閉容器に入れ、冷凍庫で保管しています(写真)。冷凍すると味が濃縮され、酸味がやわらいで甘味が立つ気がします。ぜひ、一度チャレンジしてみてください。

ポイント6
副材料

ジン、レモン果汁、割材でつくる基本のレモンサワーももちろんおいしいのですが、ちょっとしたアレンジを加えることで、あなたの「レモンサワー生活」がぐっと楽しくなりますよ。このあとお店で提供しているアレンジサワーを紹介しますが、それ以外にもご自身で好みの副材料を探して加えてみるのもいいでしょう。

ポイント5
割材

割材には炭酸水(写真右)だけでなく、トニックウォーター(同左)も使っています。トニックには苦味や甘味があるので、よりしっかりした味わいに仕上がります。レシピは次頁以降にのせていますが、さっぱりした味がよければ炭酸水を多めに、反対にどっしりした味がよければトニックを多めにというように、好みで調整して自分のベストを探ってみてください。

一村流 おいしいレモンサワー講座

名代レモンサワー

特製レモンサワーのつくり方①

材料
※375mlのグラスを使う場合

- ジン……45ml
- トニックウォーター……100ml
- 炭酸水……35ml
- レモン果汁……10ml
- レモンの皮……適量

ポイント
しっかり冷やすために、グラスの上部まで詰めましょう。

1. グラスに氷を詰める。

2. ジンをそそぎ、バースプーンでステアして冷やす。

ポイント
氷にあてると炭酸がとんでしまうので注意してください。

3. トニックウォーターを氷にあてないようにそそぐ。

4. 同様に炭酸水25mlをそそぎ、グラスを満たす。

5. レモン果汁を加える。

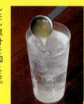

ポイント
レモン果汁をあとから加え、レモンの香りをより引き立てます。

ポイント
ステアは氷を底から持ち上げるように。ステアをしすぎると炭酸がとんでしまいます。

6. バースプーンで軽くステアする。

ポイント
最後に少量の炭酸水を加えてレモンの香りを立たせます。

7. 残りの炭酸水をそそぐ。

8. 1×5cmの帯状に切ったレモンの皮を両手でねじって果皮の油をとばし、芳香をまとわせる（レモンピール）。

9. レモンの皮をグラスのふちにつけて、香りを強調させる。皮を氷の上にのせれば完成！

名代レモンサワーに合うつまみ

- 玉子サンド→022頁
- 牛肉シウマイ→025頁
- 里芋と牛肉のコロッケ→030頁
- チキンバスケット→036頁
- クリームコロッケ→037頁
- しゃぶしゃぶ豚汁→024頁
- じゃがいもあんかけ→
- 豚の角煮→
- ハンバーグ照り焼き→035頁
- 海老とカニかまの
- 鱈と煮やっこ→039頁
- きつね煮やっこ→026頁

\「ノンアルレモンサワー」をつくろう！/

材料 ※375mlのグラスを使う場合

- レモン果汁……10ml
- トニックウォーター……120ml
- 炭酸水……60ml
- レモンの皮……適量

ジンを抜いたぶん、ほかの材料を増量します。意外と「飲んだ気」になれるかも!?

特製レモンサワーのつくり方

基本のレモンサワー。ジン、レモン、トニックの
3つの要素が絶妙なバランスを生み出します。

お店でお出ししているスタンダードなレモンサワーです。ベースには私が好きなジンを使用。ベースのお酒の風味がしっかりと感じられ、爽快でありながら飲みごたえのあるドリンクに仕上げました。ジンの青々とした香りとレモンの酸味、トニックウォーターの甘味と苦味が一体となったバランスのいいレモンサワーです。

特製レモンサワーのつくり方

塩味レモンサワー

特製レモンサワーのつくり方②

材料
※375mlのグラスを使う場合

- ジン……45ml
- 酒粕塩……小さじ1/2
- レモン果汁……10ml
- トニックウォーター……100ml
- 炭酸水……35ml
- レモンの皮……適量

酒粕塩

酒粕と塩をブレンドしたもので、一村では写真の㈱山中酒造店（茨城県）の製品を使用。ほかのメーカーからも出ている。

1. グラスにジンと酒粕塩を入れ、バースプーンでしっかりステアする。小型の電動泡立て器を使うとベスト（写真上）。

2. ジンに酒粕塩が溶け込んで白濁したら、氷を詰めてステアする。

3. トニックウォーターと炭酸水25mlをそそぐ。レモン果汁を加え、軽くステアする。

4. 残りの炭酸水をそそぎ、レモンピールをする。

塩味レモンサワーに合うつまみ

しゃぶしゃぶ豚汁→024頁　牛肉シウマイ→025頁　さばスモーク→029頁　茄子とトマトのチリコンカン→031頁　浅利酒蒸し レモンバター風味→034頁　チキンバスケット→036頁　鶏そぼろと春雨の春巻き→038頁　もっとトマトのオイスターソース炒め→040頁　海老わんたん→041頁

\ もっと手軽に！ /

「酒粕塩」が手に入らない場合は、代わりに日本酒を使ってはどうでしょう。今回はフルーティーな香りが感じられる「石鎚 吟醸 夏吟 槽搾り」を合わせました。レモンサワーに合うお好みの日本酒を探すのも楽しいのではないでしょうか？

材料
※375mlのグラスを使う場合

- ジン……45ml
- 日本酒……15ml
- 藻塩……小さじ1/3
- トニックウォーター……85ml
- 炭酸水……35ml
- レモン果汁……10ml
- レモンの皮……適量

つくり方

ジン、日本酒、藻塩をグラスに入れ、しっかりとステアする。氷を詰め、トニックウォーターと炭酸水25ml、レモン果汁を入れて軽くステア。残りの炭酸水を加えて、レモンピールをする。

ただしょっぱいだけではありません。
酒粕の旨味も加えています。

「塩味」だからといって塩をたくさん入れると、ただ塩辛いだけのとんがったレモンサワーになってしまいます。そこで、お店では酒粕と塩をブレンドした「酒粕塩」を使用してみました。これによって、塩気だけでなく、旨味が感じられるので、味に奥深さが生まれます。

特製レモンサワーのつくり方

甘味レモンサワー

特製レモンサワーのつくり方③

材料
※375mlのグラスを使う場合

- ジン（オールド・トム・ジン）……45ml
- 粉糖……大さじ1
- アンゴスチュラ・ビターズ……3〜4滴
  ⇒カンパリで代用可
- トニックウォーター……100ml
- 炭酸水……35ml
- レモン果汁……10ml
- レモンの皮……適量

オールド・トム・ジン
アンゴスチュラ・ビターズ

1. グラスにジンと粉糖を入れる。

2. アンゴスチュラ・ビターズを入れる。

3. バースプーンでしっかりステアする。小型の電動泡立て器を使うとベスト（写真）。

4. ジンに粉糖が溶け込んで白濁したら、氷を詰めてステアする。

5. トニックウォーターと炭酸水25mlをそそぐ。レモン果汁を加え、軽くステアする。

6. 残りの炭酸水をそそぎ、レモンピールをする。

甘味レモンサワーに合うつまみ

玉子サンド→022頁　ブルーチーズとしらすのきつね焼き→023頁　豚の角煮、じゃがいもあんかけ→026頁　うなぎの蒲焼きと九条ねぎの卵とじ→027頁　鶏つくねとスナップエンドウ　黒酢あんかけ→028頁　サーモンとパクチーの生春巻き→035頁　海老とアボカドのグラタン→033頁　鰆バーグ照り焼き→035頁　海老わんたん→041頁

特製レモンサワーのつくり方

甘味の強いジンをチョイス。
苦みの要素も少し加えています。

ただ甘味を加えるだけなら、それだと口の中が甘ったるくなってしまい、砂糖を入れればいいわけですが、杯を重ねることができません。お店ではアンゴスチュラ・ビターズを使っていますが、より一般的なカンパリでもいいでしょう。苦みがあるリキュールを少しだけ加えることで、味がぐっと引き締まります。

特製レモンサワーのつくり方

辛味レモンサワー

特製レモンサワーのつくり方④

材料
※375mlのグラスを使う場合

トウガラシを
漬け込んだジン……45ml
トニックウォーター……100ml
炭酸水……35ml
ゆずペッパーズ……3〜4滴
　⇒タバスコ ハラペーニョソースで代用可
レモン果汁……10ml
レモンの皮……適量

ジン（ビーフィーター）700mlにタカノツメを10本くらい入れて、常温で保管。2週間くらい漬け込むと辛味が移る。ゆずペッパーズは、大分県津江村の㈱つえエーピーが製造する辛味調味料。風味のよいユズコショウとコクのある梨酢をブレンドしている。

ゆずペッパーズ

1.
グラスに氷を詰め、トウガラシを漬け込んだジンをそそぐ。ステアする。

2.
トニックウォーターと炭酸水25mlをそそぐ。

3.
ゆずペッパーズを入れる。

4.
レモン果汁を加え、軽くステアする。

5.
残りの炭酸水をそそぎ、レモンピールをする。

辛味レモンサワーに合うつまみ

しゃぶしゃぶ豚汁→024頁　うなぎの蒲焼きと九条ねぎの卵とじ→027頁　なすとトマトのチリコンカン→031頁　サーモンとパクチーの生春巻き→032頁　浅利酒蒸し レモンバター風味→034頁　チキンバスケット→036頁　鶏そぼろと春雨の春巻き→038頁　もっとトマトのオイスターソース炒め→040頁

特製レモンサワーのつくり方

トウガラシを漬けたジンと
辛味調味料でつくるピリ辛レモンサワーです。

辛いもの好きなので、このレモンサワーも辛さをしっかり感じられる仕立てにしています。ベースのジンにはタカノツメを漬け込み、副材料として大分県産の辛味調味料も加えました。手に入らなければ、緑色のタバスコ（ハラペーニョソース）でもいいと思います。食欲がかき立てられる味ですね。

特製レモンサワーのつくり方

苦味レモンサワー

特製レモンサワーのつくり方⑤

材料
※375mlのグラスを使う場合

- ウンダーベルク……20ml（1本）
- フェルネット・ブランカ……5ml
- トニック……85ml
- 炭酸水……70ml
- レモン果汁……10ml
- レモンの皮……適量

ウンダーベルク
ドイツ産のリキュールで、1本20ml入り。アルコール度数は44％。世界各地のハーブやスパイスが配合されており、爽快な香りと独特の苦味をあわせ持つ複雑な味わい。

1. グラスに氷を詰め、ウンダーベルクをそそぐ。ステアする。

2. フェルネット・ブランカをそそぐ。

苦味レモンサワーに合うつまみ
- ブルーチーズとしらすのきつね焼き→023頁
- さばスモーク→029頁
- 浅利酒蒸し レモンバター風味→034頁
- 海老わんたん→041頁

3. トニックウォーターと炭酸水60mlをそそぐ。

4. レモン果汁を加え、軽くステアする。

5. 残りの炭酸水をそそぎ、レモンピールをする。

特製レモンサワーのつくり方

ハーブ系のリキュールをベースに使用。
しっかりとした苦味が感じられます。

ベースにはドイツ産リキュールのウンダーベルクを使い、さらに「世界でもっとも苦い」といわれるリキュールのフェルネット・ブランカも加えています。かなり苦いので、苦手な人もいるかもしれませんが、ウンダーベルクは一般の酒販店でも購入できるので、ぜひ試してみてください。身体にもよい気がします。

特製レモンサワーのつくり方

凡例

- 材料の分量は、煮込みなどを除いて基本的に1〜2皿分（1〜2人前）です。
- 「だし」は、店では昆布とカツオ節でとっていますが、顆粒状のだしを水で溶いてもかまいません。
- 「バター」は、とくに記載がない場合は無塩バターを使用。有塩バターを使う場合は塩加減を調整してください。
- 小さじ1は5ml、大さじ1は15mlです。
- 分量や時間はあくまで目安です。環境や好みに合わせて、適宜調整してください。

玉子サンド

名代
塩味
甘味
辛味
苦味

大好きな玉子サンド。
ウスターソースで和えたキャベツが
隠し味です。

材料
卵……1個
マヨネーズ……50g
コショウ……適量
食パン（6枚切り）……2枚
練りガラシ
ウスターソース……各適量
キャベツ（せん切り）……60g

つくり方
1. 卵を水から15分ゆで、氷水に浸けて冷やす。
2. 冷めたら殻をむき、細かくきざむ。
   マヨネーズ、コショウと合わせる。
3. 食パンの片面をしっかり、もう片面を軽くトーストする。
4. 軽くトーストしたほうの面に練りガラシを塗り、
   ウスターソースで和えたキャベツと②をはさむ。

5種のレモンサワーに合う とっておきの20品

- 名代
- 塩味
- **甘味**
- 辛味
- 苦味

材料

油揚げ……1枚　　シラス……50g
ブルーチーズ……30g　オリーブオイル
九条ネギ……30g　　濃口醤油……各適量

つくり方

1 油揚げの中にブルーチーズを詰める。
2 オーブントースター（フライパンでもOK）で両面をこんがり焼く。
3 九条ネギとシラスをのせて、オリーブオイルをたらす。さらに軽く焼く。
4 半分に切って器に盛る。濃口醤油を添えて。

ブルーチーズとしらすのきつね焼き

ピザ感覚で食べられるおつまみ。
ハチミツをかけてもいけます。

5種のレモンサワーに合う とっておきの20品

名代
塩味
甘味
辛味
苦味

しゃぶしゃぶ豚汁

しゃぶしゃぶ感覚で、
食べても飲んでもおいしい
一村流の豚汁です。

材料
だし……300ml
薄口醤油……20ml
ミリン……10ml
サトイモ（ひと口大）……40g
ダイコン（イチョウ切り）……30g
ニンジン（イチョウ切り）……20g
シイタケ……1個
豚肉（ロース、しゃぶしゃぶ用）……60g
万能ネギ……適量

つくり方
1 だし、薄口醤油、ミリンを鍋に合わせ、サトイモ、ダイコン、ニンジン、シイタケを中火で8分煮る。
2 わいてきたら豚肉を加え、さっと煮る。アクを引く。
3 器に盛り、万能ネギをちらす。

5種のレモンサワーに合う とっておきの20品

名代
塩味
甘味
辛味
苦味

牛肉シウマイ

年を重ねるとギョウザより
シウマイですよね？
牛肉を使ってより深い味わいに。

材料 ※4個分

- サラダ油……適量
- シイタケ（薄切り）……4個
- タマネギ（薄切り）……30g

A
- 牛挽肉……40g
- 豚の背脂……15g
- 片栗粉……8g
- 酒……4g
- ゴマ油……4g
- 卵液……3g
- おろしショウガ……適量

- 田舎味噌……3g
- 砂糖
- 塩
- コショウ……各適量
- シュウマイの皮……8枚
- 練りガラシ
- 濃口醤油……各適量

つくり方

1. フライパンにサラダ油を熱し、シイタケとタマネギをしんなりするまでソテーする。
2. ボウルに①のシイタケとタマネギ、Aを入れ、混ぜ合わせる。粘り気が出るまで。
3. 2枚のシュウマイの皮で包み、蒸し器で7分加熱する。
   器に盛り、練りガラシを添える。濃口醤油も添えて。

5種のレモンサワーに合う とっておきの20品

名代
塩味
甘味
辛味
苦味

豚の角煮 じゃがいもあんかけ

肉じゃがを"分解・再構築"。
ジャガイモをあんにして、
よりおつまみっぽく。

材料

豚の角煮
豚肉（バラ）……200g
ショウガ（薄切り）
長ネギ（青い部分）
……各適量
A
├ だし……400g
├ 濃口醤油……50ml
├ ミリン……50ml
└ ザラメ……15g

じゃがいもあん
ジャガイモ……60g
だし……100ml
濃口醤油……50ml
ミリン……50ml
砂糖……小さじ1

仕上げ
万能ネギ
練りガラシ……各適量

つくり方

豚の角煮
1. 豚肉を4cm幅くらいに切る。ショウガ、長ネギと一緒に竹串がすっと通るくらいまで水から30〜40分ゆでる。
2. Aを鍋に合わせ、①を中火で20分くらい炊く。

じゃがいもあん
1. ジャガイモを蒸して皮をむき、マッシャーでつぶす。
2. ①とだし、濃口醤油、ミリン、砂糖を混ぜ合わせる。

仕上げ
豚の角煮を器に盛り、じゃがいもあんをかける。
万能ネギをふり、練りガラシをのせる。

5種のレモンサワーに合う とっておきの20品

名代
塩味
甘味
辛味
苦味

材料
- だし……120ml
- 濃口醤油……15ml
- ミリン……15ml
- ウナギの蒲焼き（市販品）……1枚
- 溶き卵……1個分
- 九条ネギ（ななめ切り）……30g
- 粉山椒……適量

つくり方
1. 鍋（または耐熱容器）にだし、濃口醤油、ミリンを合わせ、中火でひと口大に切ったウナギの蒲焼きを炊く。
2. わいてきたら溶き卵（少しだけ残しておく）と九条ネギを加える。
3. 卵が固まってきたら、残りの溶き卵を加えて器に盛る。粉山椒をふる。

うなぎの蒲焼きと九条ねぎの卵とじ

ウナギはおいしいですよね。
卵とじにすると、蒲焼きよりも気軽に食べられます。

5種のレモンサワーに合う とっておきの20品

材料 ※4個分

A
鶏挽き肉（モモ）……160g
酒……12ml
ミリン……3ml
薄口醤油……3ml
ユズコショウ……3g
長ネギ（みじん切り）……24g
レンコン（みじん切り）……20g
おろしショウガ……適量

B
オイスターソース……11g
ザラメ……45g
黒酢……30ml
水……30ml
酒……15ml
濃口醤油……18ml
ゴマ油……5ml
タカノツメ……1本

スナップエンドウ
水溶き片栗粉
練りガラシ
ミョウガ（きざむ）……各適量

つくり方

1 Aを合わせて粘り気が出るまで混ぜる。
  厚さ2cmくらいの小判形に成形する。

2 フライパンにサラダ油を熱し、中火で両面を焼く。
  中心まで火が通ったら、まわりの油をふき取る。

3 Bとゆでたスナップエンドウを入れ、温める。

4 水溶き片栗粉を加えてとろみをつけ、器に盛る。
  練りガラシを添え、ミョウガをのせる。

名代
塩味
甘味
辛味
苦味

鶏つくねとスナップエンドウ
黒酢あんかけ

黒酢の酸味をしっかりきかせています。
炭酸入りのお酒と相性抜群です。

5種のレモンサワーに合う とっておきの20品

さばスモーク

ポイントは火を入れすぎないこと。
しっとりと仕上げてください。

材料

サバ……半身　　大葉……1枚
塩……50g　　　粒マスタード
砂糖……100g　　ミョウガ（きざむ）
サクラチップ……適量　コショウ……各適量

つくり方

1. サバを三枚におろす。
2. バットに塩と砂糖を合わせる。サバを覆い、常温で1時間半おく。
3. 水で洗い、脱水シートでくるんで常温で1時間おく。
4. 鍋にアルミ箔を敷いてサクラチップを入れ、焼き網を渡して③をのせる。ふたをして弱火で10分、火を止めて余熱で10分スモークする。
5. 厚さ7～8mmに切って大葉を敷いた器に盛り、粒マスタードを添える。ミョウガをのせ、コショウをふる。

5種のレモンサワーに合う　とっておきの20品

里芋と牛肉のコロッケ

定番の組合せ。衣はサクッ、中身はねっとり。
食感の対比を楽しんでください。

名代
塩味
甘味
辛味
苦味

材料 ※5個分

- サトイモ……150g
- 塩
- コショウ
- サラダ油……各適量
- 牛肉（バラ・細切り）……100g
- タマネギ（細切り）……1/4個
- シイタケ（細切り）……2個
- 濃口醤油……23ml
- 酒……23ml
- 砂糖……7ml
- 薄力粉
- 溶き卵
- パン粉
- キャベツ（せん切り）……各適量

つくり方

1. サトイモをやわらかくなるまで蒸し、皮をむく。マッシャーでつぶして、塩、コショウをふる。
2. フライパンにサラダ油を熱し、牛肉、タマネギ、シイタケをさっと炒める。
3. 濃口醤油、酒、砂糖を合わせた地を②に加え、水分がなくなるまで煮詰める。
4. ①と③を合わせ、塩、コショウをふる。
5. 薄力粉をまぶし、溶き卵にくぐらせてパン粉をまぶしつける。170℃のサラダ油で2分揚げて数分おき、再度1分揚げる。器に盛り、キャベツを添える。

5種のレモンサワーに合う とっておきの20品

名代		
塩味		
甘味		
辛味		
苦味		

材料

サラダ油……適量
タマネギ（細切り）……1/2個
ベーコン（細切り）……4枚
挽き肉（合挽き）……150g
大豆（水煮）……200g
トマト（水煮）……400g
A
 水……400ml
 赤ワイン……50ml
 ケチャップ……大さじ2
 ガラムマサラ
 ターメリック
 クミン（ホール）
 シナモン（パウダー）
 カイエンペッパー……各小さじ1/2
塩
コショウ
万能ネギ（小口切り）……各適量

つくり方

1 フライパンにサラダ油を熱し、
 タマネギ、ベーコン、
 挽き肉をしんなりするまで炒める。
2 ①、大豆、トマト、Aを鍋に合わせて、
 中火で20分煮る。塩、コショウをふる。
3 器に盛り、万能ネギをちらす。

茄子とトマトの
チリコンカン

———

お酒のおともに最高です。
辛味をしっかりきかせればレモンサワーとの相性も抜群。

5種のレモンサワーに合う とっておきの20品

サーモンとパクチーの生春巻き

たまにはおしゃれ系のつまみも。
チーズは味噌漬けにして、コクをプラス。

材料

- ライスペーパー（直径27.5cm）……1枚
- キュウリ（薄切り）……40g
- パクチー（きざむ）……40g
- クリームチーズの味噌漬け*1……18g
- サーモン……40g
- レモン（くし形切り）
- チリソース*2……各適量

*1 西京味噌500g、砂糖50g、酒45ml、ミリン45ml、一味トウガラシ適量を合わせ、クリームチーズを2日漬ける。

*2 米酢大さじ3、砂糖大さじ2、豆瓣醤小さじ1/2、塩小さじ1/4を合わせる。

つくり方

1. ライスペーパーに霧吹きで水をまんべんなく吹きかける（霧吹きがなければ、40℃くらいの湯に通してまな板の上に広げる）。
2. ①の手前からキュウリ、パクチー、クリームチーズの味噌漬けを並べ、奥のほうにサーモンを並べて巻く。
3. 食べやすい大きさに切って器に盛り、レモンを添える。チリソースと一緒に。

名代
塩味
甘味
辛味
苦味

海老とアボカドの
グラタン

お腹にたまらないように、
マカロニではなくアボカドを使いました。

材料

バター
薄力粉……各30g
牛乳……500ml
サラダ油……適量
エビ……8尾
タマネギ（薄切り）……60g
アボカド（ひと口大）……1/4個
ミックスチーズ……60g

つくり方

1 鍋にバターを入れて弱火で熱し、
  薄力粉、牛乳を合わせてこがさないように練る。
2 フライパンにサラダ油を熱し、
  エビとタマネギを炒める。
3 グラタン皿にアボカドと②をのせて①を流す。
  ミックスチーズをのせ、オーブンで5〜6分焼く。

033

5種のレモンサワーに合う とっておきの20品

名代
塩味
甘味
辛味
苦味

材料

アサリ……100g
バター……30g
塩
コショウ……各適量
酒……50ml
レモン果汁……5ml
白髪ネギ……適量

つくり方

1 フライパンにバターと砂抜きしたアサリを入れ、強火で熱する。
2 殻が開きはじめたら、塩、コショウをふり、酒を加える。
3 殻が完全に開いたら、レモン果汁を加えて火を止める。
4 煮汁と一緒に器に盛り、白髪ネギをのせる。コショウをふる。

浅利酒蒸し
レモンバター風味

バターを加えてコク豊かに。
その一方で、レモンでさっぱり。

5種のレモンサワーに合う とっておきの20品

名代
塩味
甘味
辛味
苦味

鯵バーグ照り焼き

つみれが好きなんです。
それを照り焼きハンバーグ風に。

材料
アジ……半身
ショウガ（みじん切り）……10g
おろしショウガ……10g
大葉（きざむ）……1枚
田舎味噌……5g
サラダ油……適量
濃口醤油……大さじ1
ミリン……大さじ1
酒……大さじ1
砂糖……大さじ1/2
万能ネギ（小口切り）……適量

つくり方
1　アジを三枚におろし、皮を引いて骨を抜く。
2　ショウガ、おろしショウガ、大葉、田舎味噌と一緒に包丁でたたく。
3　小判形に成形する。
4　フライパンにサラダ油を熱し、中火で両面を焼く。
5　表面が色づいたら、濃口醤油、ミリン、酒、砂糖を合わせて加え、軽く煮詰める。
6　器に盛り、万能ネギをちらす。

5種のレモンサワーに合う とっておきの20品

チキンバスケット

名代 / 塩味 / 甘味 / 辛味 / 苦味

から揚げはスパイスをふんだんに。
マヨネーズソースと一緒にどうぞ。

材料

鶏のから揚げ
鶏肉（モモ）……200g
A
　オイスターソース……大さじ2
　濃口醬油……大さじ2
　酒……大さじ120ml
　砂糖……小さじ2
　だし……90ml
　おろしショウガ……10g
　おろしニンニク……5g
　ガラムマサラ
　クミン（ホール）……各大さじ1
　ローズマリー……1本
片栗粉
サラダ油……各適量

マヨネーズソース
マヨネーズ……100g
粒マスタード……40g
レモン果汁……20ml
コショウ……適量

仕上げ
キャベツ（せん切り）……適量

つくり方

鶏のから揚げ
1 鶏肉を角切りにする。
2 Aを合わせて30分浸ける。
3 片栗粉をまぶし、170℃のサラダ油で2分揚げる。一度引き上げて数分おき、再度1分揚げる。

マヨネーズソース
1 すべての材料を合わせる。

仕上げ
鶏のから揚げを器に盛り、キャベツを添える。
マヨネーズソースと一緒に。

5種のレモンサワーに合う とっておきの20品

名代

- 塩味
- 甘味
- 辛味
- 苦味

材料

サラダ油……適量
タマネギ……50g
エビ……2尾
バター……15g
薄力粉……15g
牛乳……150ml
カニかま……40g
塩
コショウ
溶き卵
パン粉
レモン……各適量

つくり方

1. フライパンにサラダ油を熱し、タマネギとエビを炒める。
2. 鍋にバターを入れて弱火で熱し、薄力粉と牛乳を加えて練る。
3. ②に①と縦に割いたカニかまを加え、塩、コショウをふる。
4. 小判形に成形し、薄力粉（分量外）をまぶして溶き卵にくぐらせ、パン粉をまぶしつける。
5. 170℃のサラダ油で3分揚げる。一度引き上げて数分おき、再度1分揚げる。レモンと一緒に器に盛る。

海老とカニかまの
クリームコロッケ

みんなが大好きなクリームコロッケ。
"ニセモノ"なのにおいしいカニかまは偉大です。

5種のレモンサワーに合う とっておきの20品

鶏そぼろと春雨の春巻き

皮はパリッと、中はジュルッと。
アツアツで召し上がれ。

名代
塩味
甘味
辛味
苦味

材料
- ゴマ油……適量
- おろしショウガ……小さじ1/2
- 豆板醤……小さじ1/2
- 鶏挽き肉……50g
- 長ネギ(みじん切り)……1/4本
- ニラ(みじん切り)……1.5本
- ハルサメ(もどす)……100g
- だし……40ml
- 酒……7.5ml
- 濃口醤油……7.5ml
- オイスターソース……7.5ml
- 砂糖……3.5g
- 塩
- コショウ
- 水溶き片栗粉……各適量
- 春巻きの皮……2枚
- サラダ油……適量

つくり方
1. フライパンにゴマ油を熱し、おろしショウガと豆板醤を炒める。香りが立ってきたら鶏挽き肉、長ネギ、ニラを加えて炒める。
2. ハルサメ、だし、酒、濃口醤油、オイスターソース、砂糖を加えて、具材がしんなりするまでさらに炒める。塩、コショウをふり、水溶き片栗粉でとろみをつける。
3. 春巻きの皮で巻き、170℃のサラダ油で3分揚げる。

5種のレモンサワーに合う とっておきの20品

名代

- 塩味
- 甘味
- 辛味
- 苦味

材料

A
- だし……300ml
- 薄口醤油……20ml
- ミリン……10ml
- 豆腐（絹ごし）……1/4丁
- 長ネギ（ななめ切り）……20g

B
- だし……200ml
- 濃口醤油……20ml
- 砂糖……大さじ2
- 酒……15

- 油揚げ
- ミョウガ（きざむ）
- 万能ネギ（みじん切り）
- 青ユズの皮……各適量

つくり方

1. 鍋にAを合わせ、豆腐を入れて中火で中心が温まるまで炊く。長ネギを加える。
2. 別の鍋にBを合わせ、5×8cmくらいに切った油揚げを中火で6分炊く。
3. 器に①の豆腐を盛り、①の地を張る。②の油揚げを豆腐にのせ、ミョウガ、万能ネギをちらして、青ユズの皮をのせる。

きつね煮やっこ

そば屋さんで飲むのって最高ですよね。
きつねそばをイメージしてみました。

5種のレモンサワーに合う とっておきの20品

もつとトマトの
オイスターソース炒め

モツを中華風に。
トマトの酸味とオイスターソースの
相性も抜群です。

名代 / 塩味 / 甘味 / 辛味

材料

豚のモツ……80g
ゴマ油……適量
トマト（くし形切り）……2個
モヤシ……60g
長ネギ（ななめ切り）……40g
ニラ（ざく切り）……3本
塩
コショウ……各適量
A
　酒……大さじ8
　オイスターソース……大さじ2
　濃口醤油……大さじ2
　砂糖……小さじ2
　だし……大さじ6
ミョウガ（きざむ）……適量

つくり方

1. モツを塩湯で1時間くらいゆでる（ネギとショウガと一緒にゆでるとよい）。
2. フライパンにゴマ油を熱し、①、トマト、モヤシ、長ネギ、ニラを炒める。塩、コショウをふる。
3. 野菜がしんなりしてきたら、Aを加えてさらに炒める。
4. 器に盛り、ミョウガをのせる。コショウをふる。

5種のレモンサワーに合う とっておきの20品

名代
塩味
甘味
辛味
苦味

材料
- むきエビ……100g
- 豚挽き肉……15g
- レンコン（みじん切り）……25g
- 長ネギ（みじん切り）……7.5g
- ショウガ（みじん切り）……5g
- 紹興酒……大さじ1/2
- 砂糖……小さじ1/4
- 塩……小さじ1/4
- コショウ……適量
- ワンタンの皮……4枚
- タレ＊
- パクチー……各適量

＊濃口醤油20ml、米酢20ml、砂糖小さじ1、ゴマ油小さじ1を合わせる。

つくり方
1. むきエビのうち25gを包丁でたたく。
2. ①、残りのエビ、豚挽き肉、レンコン、長ネギ、ショウガ、紹興酒、砂糖、塩、コショウを合わせ、粘り気が出るまで混ぜる。
3. ワンタンの皮で包み、熱湯で3分ゆでる。
4. 器に盛ってタレをかけ、パクチーをたっぷりのせる。

海老わんたん

酸味をきかせたタレにパクチーをたっぷり。アジアンテイストにまとめました。

5種のレモンサワーに合う とっておきの20品

自宅でつくれる 乙(おつ)な

バリエーションサワー

自宅で楽しめるのは、レモンサワーだけではありません。ちょっとした工夫でぐっとおいしくなるので、ぜひ試してください。

すだちサワー

さっぱりした飲み口

材料

ジン……45ml
スダチ（スライス）……1個
トニックウォーター……75ml
炭酸水……55ml

つくり方

1. グラスに氷を詰め、ジンをそそいでスダチを入れる。
2. バースプーンでスダチを押しつぶしながらステアする。
3. トニックウォーターと炭酸水をそそぎ、軽くステアする。

お茶サワー

2種のお茶をブレンド

材料

お茶を浸けたジン＊……45ml
トニックウォーター……100ml
炭酸水……45ml

＊煎茶15gと同じ煎茶を焙煎したほうじ茶15gをメッシュフィルターに詰め、ジン700mlに2時間浸ける。

つくり方

グラスに氷を詰め、材料をそそいで軽くステアする。

山椒サワー

爽快感のある辛味

材料

山椒を漬けたジン＊……45ml
トニックウォーター……100ml
炭酸水……45ml

＊ジン700mlにゆでてあく抜きした実山椒100gを最低2か月くらい漬ける。

つくり方

グラスに氷を詰め、材料をそそいで軽くステアする。

自宅でつくれる 乙なバリエーションサワー

マンゴーサワー

まったり南国風

材料

テキーラ……30ml
コアントロー……5ml
マンゴーのペースト（市販品）……40g
トニックウォーター……70ml
炭酸水……15ml

つくり方

1 グラスにテキーラ、コアントロー、マンゴーのペーストを入れてステアする。
2 氷を詰め、トニックウォーターと炭酸水をそそぎ、軽くステアする。

白桃サワー

やさしい味わい

材料

ジン……30ml
モモのペースト＊……80g
トニックウォーター……50ml
＊缶詰のモモ（白桃）をミキサーにかける。

つくり方

1 グラスにジンとモモのペーストを入れてステアする。
2 氷を詰め、トニックウォーターをそそぎ、軽くステアする。

自宅でつくれる 乙なバリエーションサワー

メロンサワー

どこか懐かしい味

材料

ジン……30ml
メロンのペースト*……80g
トニックウォーター……50ml
*マスクメロンの果肉をミキサーにかける。

つくり方

1 グラスにジンとメロンの
  ペーストを入れてステアする。
2 氷を詰め、トニックウォーターを
  そそぎ、ステアする。

パッションフルーツサワー

エキゾチックな気分に

材料

ジン……30ml
アマレット……10ml
パッションフルーツ果汁（市販品）……30ml
トニックウォーター……75ml
炭酸水……15ml

つくり方

グラスに氷を詰め、
材料をそそいで軽くステアする。

自宅でつくれる 乙なバリエーションサワー

レモンサワーがゴクゴクすすむ
素材別おつまみ

魚介を使った小粋な酒肴
旬の野菜を味わう酒のアテ
お酒が欲しくなる肉系つまみ
おつまみサラダと飲ませる惣菜

魚介を使った小粋な酒肴

サーモン

スモークサーモンのなめろう

スモークサーモンのオードブルを
なめろうにしたら、
酒のアテになりました。

材料

A
- スモークサーモン……50g
- タマネギ（薄切り）……7g
- 大葉……1枚
- ショウガ
- ミョウガ
- ケッパー
- 田舎味噌
- 粒マスタード……各3g

- 大葉……1枚
- ケッパー
- オリーブオイル
- レモン……各適量

つくり方

1. Aをまな板の上に広げ、包丁で混ぜながらたたく。粘り気が出るまで。
2. 大葉を敷いた器に盛り、ケッパーをのせる。オリーブオイルとレモンを添えて。

レモンサワーがゴクゴクすすむ 素材別おつまみ

魚介を使った小粋な酒肴

(ホタルイカ)

蛍烏賊のオイル漬け

定番の酢味噌和えじゃつまらない。
ニンニクを使ったオイルで加熱しています。

材料
ホタルイカ（ボイル）……5個
塩……適量
ローズマリー……1本
ニンニク……1かけ
太白ゴマ油……100ml
大葉……1枚
タマネギ（薄切り）
濃口醤油
コショウ……各適量

つくり方
1. ホタルイカの目とクチバシ、背骨を取り除く。塩をふる。
2. 鍋に①、ローズマリー、ニンニク、太白ゴマ油を入れ、90℃で15分くらい加熱する。冷ます。
3. 器に大葉とタマネギを敷く。②のホタルイカを盛り、濃口醤油をたらして、コショウをふる。

(ホタテ)

帆立と水茄子の梅肉和え

暑い季節のものであるホタテ、
水ナス、梅干しを合わせて夏らしい一品に。

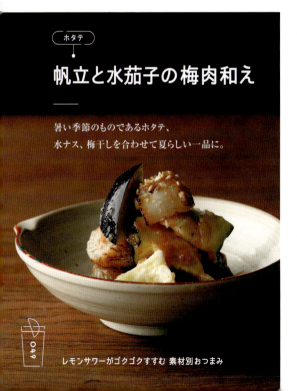

材料
ホタテの貝柱……1.5個
梅干し……15g
カツオ節……5g
だし……10ml
水ナス（ひと口大）……1/8本
ミョウガ（きざむ）……5g
白ゴマ……適量

つくり方
1. ホタテの貝柱に軽く塩をふる。両面を軽くあぶる。1.5cm角くらいに切る。
2. 梅干しの種を取り除き、包丁でたたく。カツオ節と合わせ、だし（水でもOK）でのばす。
3. ①、水ナス、ミョウガを②で和える。器に盛り、白ゴマをふる。

レモンサワーがゴクゴクすすむ 素材別おつまみ

魚介を使った小粋な酒肴

タコ
たこの南蛮味噌和え

タコはピリ辛で
食べるのが好きなので。
流行りの麹も使ってみました。

材料

青トウガラシ（きざむ）……100g
米麹……100g
濃口醤油……180ml
ザラメ……100g
タコ（ボイル）……60g
ミョウガ（きざむ）……適量

つくり方

1 青トウガラシ、米麹、濃口醤油、ザラメを合わせて2週間ねかせる。
2 ①でひと口大に切ったタコを和える。器に盛り、ミョウガをのせる。

アジ
鯵フライ

普通のアジフライ。
タルタルはキュウリの
漬物とガリを使った
和テイストです。

材料

鯵フライ
アジ……1尾
塩
コショウ
薄力粉
溶き卵
パン粉
サラダ油……各適量

タルタルソース
（つくりやすい分量）
タマネギ……1/8個
ガリ……50g
キュウリの漬けもの……50g
マヨネーズ……80g
コショウ……適量

仕上げ
キャベツ（せん切り）
練りガラシ……各適量

つくり方

鯵フライ

1 アジを三枚におろす。皮を引いて骨を抜く。両面に塩、コショウをふる。
2 薄力粉をまぶし、溶き卵にくぐらせてパン粉をつける。170℃のサラダ油で2〜3分揚げる。

タルタルソース

1 タマネギをみじん切りにして、水にさらす。ガリ、キュウリの漬けものをみじん切りにする。
2 マヨネーズと合わせ、コショウをふる。

仕上げ

1 器に鯵フライとキャベツを盛り、タルタルソースをかける。練りガラシを添える。

レモンサワーがゴクゴクすすむ 素材別おつまみ

魚介を使った小粋な酒肴

材料

生ガキ（加熱用）……2粒
濃口醤油……45ml
酒……45ml
ミリン……45ml
ザラメ……15g
針ショウガ……10g
黒コショウ……適量

つくり方

1. 生ガキを洗って水気を切る。
2. 鍋に濃口醤油、酒、ミリンを熱する。ザラメを加えて溶かす。
3. ①を入れ、針ショウガと黒コショウを多めに加える。2分経ったら面を返し、さらに1分煮る。器に盛り、黒コショウをふる。

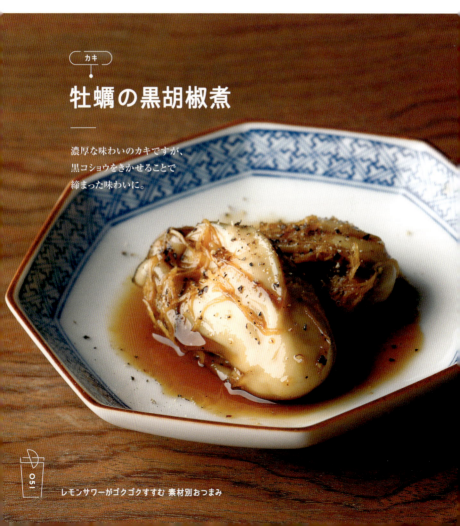

カキ

牡蠣の黒胡椒煮

濃厚な味わいのカキですが、黒コショウをきかせることで締まった味わいに。

レモンサワーがゴクゴクすすむ 素材別おつまみ

魚介を使った小粋な酒肴

（マグロ）

まぐろキムチたたき

相性のいいマグロとキムチを合わせてみました。
韓国っぽい味わいですね。

材料

- マグロ（赤身）……50g
- キムチ……15g
- ゴマ油……5ml
- 長ネギ（みじん切り）……3g
- ショウガ（みじん切り）……3g
- ミョウガ（みじん切り）……3g
- 田舎味噌……5g
- 卵黄……1個分
- コショウ
- 韓国海苔……各適量

つくり方

1. マグロを包丁で細く切る（たたかない）。キムチも細く切る。
2. ①にゴマ油、長ネギ、ショウガ、ミョウガ、田舎味噌を合わせて混ぜる。
3. 器に盛り、卵黄をのせてコショウをふる。韓国海苔と一緒に。

レモンサワーがゴクゴクすすむ 素材別おつまみ

魚介を使った小粋な酒肴

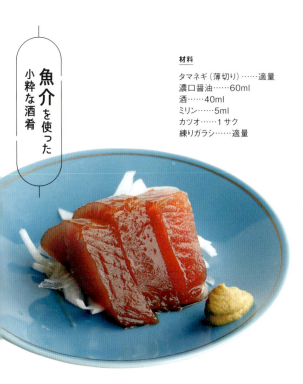

材料
- タマネギ（薄切り）……適量
- 濃口醤油……60ml
- 酒……40ml
- ミリン……5ml
- カツオ……1サク
- 練りガラシ……適量

（カツオ）

かつおと新玉ねぎの漬け

さっぱりとしている
初ガツオを漬けに。
もっちりとした食感です。

つくり方
1. タマネギを水にさらす。
2. 濃口醤油、酒、ミリンを鍋に合わせて煮切る。
3. 冷ました②にカツオを20分くらい浸ける（ビニール袋に入れて真空にしてもOK）。
4. 器に①を敷いて、カツオを切って盛る。練りガラシを添える。

（シシャモ・メンタイコ）

ししゃもと辛子明太子の燻製

つくり方
1. 鍋の底にアルミ箔を敷き、サクラチップをのせる。焼き網を渡して、シシャモとメンタイコを並べる。
2. ふたをして弱火～中火で10分くらいスモークする。
3. 器に盛り、マヨネーズと粒マスタードを添える。

おじさんが大好きな大衆酒場メニュー。
しっかり燻製をかけています。

材料
- サクラチップ……適量
- シシャモ……3尾
- メンタイコ……1/2本
- マヨネーズ
- 粒マスタード
  ……各適量

レモンサワーがゴクゴクすすむ 素材別おつまみ

> 魚介を使った小粋な酒肴

(イカ) 烏賊とレタスのにら醤油和え

材料
- イカ……60g
- レタス（ちぎる）……30g
- ニラ（ざく切り）……10g
- 濃口醤油……50ml
- ミリン……15ml
- ゴマ油……大さじ1
- タカノツメ（きざむ）……1本
- 白ゴマ……適量

プリっとしたイカとシャキシャキのレタスの食感の対比が楽しめます。

つくり方
1. イカを掃除して隠し包丁を入れ、ひと口大に切る。熱湯で1分ゆで、氷水に落とす。
2. レタスを熱湯にくぐらせ、氷水に落とす。
3. 水気を切った①と②を合わせて器に盛り、濃口醤油、ミリン、ゴマ油、タカノツメを合わせてわかし、ニラを加えたタレをかける。白ゴマをふる。

(カキ) 牡蠣フライ

つくり方
1. カキに軽く塩をふる。洗って水気を切る。
2. 塩、コショウをふる。薄力粉をまぶして溶き卵にくぐらせ、パン粉をつける。
3. 170℃のサラダ油で2〜3分揚げる。
4. 器にキャベツと③を盛り、練りガラシを添える。ウスターソースと一緒に。

カキは味が濃い加熱用がおすすめです。宮城県産の大ぶりのカキを使っています。

材料
- カキ（加熱用）……2粒
- 塩
- コショウ
- 薄力粉
- 溶き卵
- パン粉
- サラダ油
- キャベツ（せん切り）
- 練りガラシ
- ウスターソース……各適量

魚介を使った小粋な酒肴

エビ

海老かつ

エビの食感を残して、
サクッと軽い食感に仕上げました。

材料 ※3個分

- サラダ油……適量
- タマネギ（5mm角）……1/4個
- 塩
- コショウ……各適量
- エビ（むき身）……150g
- 片栗粉……大さじ1.5
- 砂糖
- 薄力粉
- 溶き卵
- パン粉
- サラダ油
- 岩塩
- レモン……各適量

つくり方

1 フライパンにサラダ油を熱し、タマネギをソテーする。塩、コショウをふる。
2 エビのうち75gを半分に切り、残りの75gを包丁でたたく。
3 片栗粉、塩、砂糖を混ぜ合わせる。
4 ①、②、③を合わせて、俵形に成形する。薄力粉をまぶして溶き卵にくぐらせ、パン粉をつける。
5 170℃のサラダ油で3分揚げる。
6 器に盛り、岩塩を添える。レモンも添えて。

レモンサワーがゴクゴクすすむ 素材別おつまみ

さんま梅煮

青魚と梅干しは相性抜群です。
甘酸っぱい梅干しも
つまみになります。

魚介を使った小粋な酒肴

材料

サンマ……1/4尾
水……75ml
酒……125ml
たまり醤油……10ml
濃口醤油……15ml
ミリン……25ml
ザラメ……15ml
梅干し……1個
木ノ芽……適量

つくり方

1 サンマの頭を落として、内臓を取り出す。4等分に切る。
2 鍋に水、酒、たまり醤油、濃口醤油、ミリン、ザラメ、梅干しを入れてわかす。
3 ②に①を入れて、中火で8分煮詰める。
4 器に盛り、木ノ芽をあしらう。

レモンサワーがゴクゴクすすむ 素材別おつまみ

魚介を使った小粋な酒肴

エビ
海老とカニかまの春巻き

万能選手のカニかまを春巻きに。本当に優秀な食材ですね。

材料

サラダ油……適量
小エビ……10尾
カニかま……40g
モヤシ……80g
濃口醤油……小さじ1
オイスターソース……大さじ1
だし(または水)……135ml
コショウ
水溶き片栗粉……各適量
春巻きの皮……1枚
練りガラシ……適量

つくり方

1 フライパンにサラダ油を熱し、小エビ、縦に割いたカニかま、モヤシを軽く炒める。
2 濃口醤油、オイスターソース、だし、コショウを合わせて熱し、水溶き片栗粉でとろみをつける。
3 粗熱を取った①と②を合わせ、春巻きの皮で包む。
4 170℃のサラダ油で3分揚げる。
5 器に盛り、練りガラシを添える。

ホタルイカ
蛍烏賊のなめろう

イカのわたと味噌の相性のよさに着目。われながらよくできた一品です。

材料

ホタルイカ(ボイル)……6個
梅干し……2g
ショウガ(みじん切り)……3g
長ネギ(みじん切り)……3g
田舎味噌……3g
白ゴマ
焼き海苔……各適量

つくり方

1 ホタルイカの目とクチバシ、背骨を取り除く。
2 梅干し、ショウガ、長ネギ、田舎味噌と一緒に粘り気が出るまで包丁でたたく。
3 器に盛りつけて白ゴマをふる。焼き海苔と一緒に。

レモンサワーがゴクゴクすすむ 素材別おつまみ

箸休め 身近な素材でつくるお手軽つまみ その1

豆腐ステーキ

豆腐はなんでもできますね。
これはシンプルに焼いてみました。

材料
- 豆腐（絹ごし）……80g
- ゴマ油……適量
- 濃口醤油……15ml
- ミリン……10ml
- 酒……10ml
- おろしショウガ……適量

つくり方
1. 豆腐を4×4×1cmくらいの大きさに切る。
2. フライパンにゴマ油を熱し、両面を焼く。きつね色になるまで。
3. 濃口醤油、ミリン、酒を合わせて加え、豆腐にからめる。器に盛り、おろしショウガを添える。

こんにゃくピリ辛焼き

コンニャクは火を入れることで、イメージが変わります。

材料
- コンニャク……80g
- ゴマ油……適量
- 濃口醤油……60g
- ミリン……60g
- 砂糖……13g
- 一味トウガラシ……適量

つくり方
1. コンニャクを厚さ5mmくらいに切る。
2. フライパンにゴマ油を熱し、両面をさっと焼く。
3. 濃口醤油、ミリン、砂糖、一味トウガラシを合わせ、②に加えてコンニャクとからめる。
4. 器に盛り、一味トウガラシをふる。

かつお節とクリームチーズの梅たたき

カツオの旨味、梅干しの酸味、チーズの油脂がマッチします。

材料
梅干し……5g
クリームチーズ……20g
カツオ節……適量

つくり方
1 梅干しの種を取り除いて包丁でたたく。
2 クリームチーズとカツオ節、①を合わせ、器に盛る。

酢わかめ

冷たくてシャキシャキした食感のワカメをさっぱりと。

材料
ワカメ……60g
だし……75ml
米酢……50ml
ミリン……25ml
薄口醤油……25ml
おろしショウガ……適量

つくり方
1 生ワカメを1分くらいゆで、氷水にさらす。適宜に切る。
2 だし、米酢、ミリン、薄口醤油を合わせ、中火にかけてわかす。冷ます。
3 器に①を盛り、②をかける。おろしショウガをのせる。

身近な素材でつくるお手軽つまみ

旬の野菜を味わう酒のアテ

オクラ

オクラのお浸し もろこしソースがけ

「ザ・夏」という一品です。
もろこしソースはいろいろ使えますよ。

材料
オクラ……4本
だし……250ml
薄口醤油……25ml
ミリン……10ml
トウモロコシ(缶詰)……50g
塩
コショウ……各適量

つくり方
1. オクラのガクを取り除き、塩(分量外)でもむ。
2. 熱湯で3分ゆで、冷水に落とす。
3. だし、薄口醤油、ミリンを合わせてわかし、冷ました地に1時間以上浸ける。
4. トウモロコシをなめらかになるまでミキサーにかける。できれば、濾す。塩をふる。
5. ③をひと口大に切って器に盛り、④をかける。コショウをふる。

レモンサワーがゴクゴクすすむ 素材別おつまみ

旬の野菜を味わう酒のアテ

 タマネギ

新玉ねぎのステーキ

材料
タマネギ……1個
塩
サラダ油
金山寺味噌（市販品）
……各適量

つくり方
1. タマネギの皮をむいて、縦4等分にする。塩をふる。
2. フライパンにサラダ油を熱し、表面がこげ茶色になるまで焼く。塩をふる。金串がすっと通ればOK。
3. 器に盛り、金山寺味噌を添える。

旬の食材をそのまま焼いただけ。
こういうのも、たまには。

ナス

水茄子の揚げ出し

水ナスを使うと食感が楽しめて、
「ナスを食べている」という感じがします。

材料
水ナス……1本
サラダ油……適量
だし……150ml
濃口醤油……25ml
ミリン……25ml
シシトウ……2本
ダイコンおろし
おろしショウガ……各適量

つくり方
1. 水ナスに隠し包丁を入れてひと口大に切り、170℃のサラダ油で2〜3分揚げる。
2. 器に盛り、だし、濃口醤油、ミリンを合わせてわかした地を張る。素揚げしたシシトウを添え、ダイコンおろしとおろしショウガをのせる。

レモンサワーがゴクゴクすすむ 素材別おつまみ

旬の野菜を味わう酒のアテ

（エダマメ）
おひたし枝豆

手でつまんで
だしも一緒に
チューチュー吸ってください。

材料
エダマメ……100g
塩……適量
だし……250ml
薄口醤油……25ml
ミリン……10ml
コショウ……適量

つくり方
1 味が染みやすいように、エダマメのサヤの端をハサミで切り落とす。
2 沸騰させた塩湯で7～8分ゆでる。塩をふる。
3 別の鍋に、だし、薄口醤油、ミリンを合わせてわかす。冷ます。
4 ②を③に浸け、冷蔵庫に入れて常温で半日おく。
5 地と一緒に器に盛り、コショウをふる。

（シイタケ）
どんこ辛子煮

乾燥させたシイタケの
だしの強い旨味を味わえます。

材料
干しシイタケ……10個
水……500ml
酒……大さじ3
ミリン……大さじ3
濃口醤油……大さじ2
砂糖……大さじ1
練りガラシ……30g
ケシの実……適量

つくり方
1 干しシイタケを水に1日浸してもどす。石突きを取り除く。もどし汁は取っておく。
2 鍋に①のシイタケともどし汁500ml、水、酒、ミリン、濃口醤油、砂糖、練りガラシを入れ、落としぶたをして水気がなくなるまで弱火で炊く。
3 器に盛り、ケシの実をふる。

レモンサワーがゴクゴクすすむ 素材別おつまみ

旬の**野菜**を味わう酒のアテ

(アボカド)

アボカドの
わさび醤油漬け

濃厚なアボカドの味わいと
ねっとりとした黄身の舌ざわりが好相性です。

材料

アボカド……1/2個
濃口醤油……60ml
酒……40ml
ミリン……20ml
ワサビ……適量
卵黄……1個分

つくり方

1 アボカドを縦半分に切り、種を取り除く。皮をむく。
2 濃口醤油、酒、ミリンを鍋に合わせて煮切る。
3 冷ました②の地にワサビを加え、①を30分くらい浸ける。
4 地と一緒に器に盛り、くぼみに卵黄をのせる。

レモンサワーがゴクゴクすすむ 素材別おつまみ

旬の**野菜**を味わう酒のアテ

トマト

冷やしだしトマト

トマトの酸味とだしの旨味。
イタリアと日本の融合という感じで。

材料
トマト（小ぶりのもの）……3個
ゴマ油……適量
ニンニク（薄切り）……1枚
だし……250ml
薄口醤油……25ml
ミリン……10ml

つくり方
1 トマトを湯むきする。
2 フライパンにゴマ油を熱し、ニンニクを焦がす。
3 鍋にだし、薄口醤油、ミリンを入れてわかす。冷ます。
4 容器に①、②を入れ、③を張って半日おく。

ウリ

白瓜の
マスタード黄身酢和え

ぽりぽりとした白ウリに、
和風マヨネーズを合わせました。

材料
白ウリ……150g
卵黄……3個分
米酢……45ml
ミリン……45ml
粒マスタード……大さじ1
塩
砂糖
ミョウガ（きざむ）……各適量

つくり方
1 白ウリの中心に割り箸などを刺してらせん状に切り、3%の塩水（分量外）に1時間浸ける。半日陰干しする（雷干し）。
2 卵黄、米酢、ミリン、粒マスタード、塩、砂糖を合わせ、湯せんしながら混ぜる。
3 ①を②で和える。器に盛り、ミョウガをのせる。

レモンサワーがゴクゴクすすむ 素材別おつまみ

旬の野菜を味わう酒のアテ

（ナス）

焼き茄子香味だれ

ナスは変幻自在。
ここではアジアンテイストに仕立ててみました。

材料

ナス……1本
だし……23ml
濃口醤油……4ml
ミリン……4ml
ショウガ（みじん切り）……5g
長ネギ（みじん切り）……10g
米酢……15ml
ゴマ油……7ml
砂糖……7g
白ゴマ……大さじ1
パクチー（きざむ）……15g

つくり方

1. ナスの表面が焦げるまでグリラーで焼く。熱いうちにヘタを取って皮をむく。縦半分に切る。
2. だし、濃口醤油、ミリンを合わせてわかす。冷ます。
3. ②、ショウガ、長ネギ、米酢、ゴマ油、砂糖、白ゴマを合わせる。
4. ①を器に盛り、③をかける。パクチーをのせ、白ゴマ（分量外）をふる。

（ハクサイ）

白菜とお揚げのあっさり煮

たまにはホッとしたいという方に。
やさしい味わいです。

材料

サラダ油……適量
ハクサイ（ざく切り）……60g
油揚げ（ひと口大）……30g
だし……250ml
薄口醤油……25ml
ミリン……10ml
カツオ節……適量

つくり方

1. フライパンにサラダ油を熱し、ハクサイと油揚げを炒める。
2. ハクサイがしんなりしたら、だし、薄口醤油、ミリンを加える。
3. わいたら火を止め、器に盛る。カツオ節をのせる。

レモンサワーがゴクゴクすすむ 素材別おつまみ

（レンコン）

蓮根餅のズワイ蟹あんかけ

レンコンはすりおろすともっちりします。
カニのあんと一緒に。

旬の**野菜**を味わう酒のアテ

材料

蓮根餅
レンコン……100g
片栗粉……大さじ1
塩
サラダ油……各適量

ズワイガニのあん
だし……100ml
薄口醤油……10ml
ミリン……5ml
ズワイガニ（ほぐし身）……50g
水溶き片栗粉……適量

仕上げ
おろしショウガ……適量

つくり方

蓮根餅

1. レンコンの皮をむき、すりおろす。
   手で丸くまとめて絞り、水分をぬく。
2. 片栗粉を加えて塩をふり、小判形に成形する。
3. フライパンにサラダ油を熱し、両面をこんがりと焼く。

ズワイガニのあん

1. 鍋にだし、薄口醤油、ミリンを合わせてわかし、
   ズワイガニを加える。
2. 水溶き片栗粉でとろみをつける。

仕上げ

蓮根餅を器に盛り、ズワイガニのあんをかける。
おろしショウガをのせる。

レモンサワーがゴクゴクすすむ 素材別おつまみ

旬の野菜を味わう酒のアテ

（ハクサイ）

白菜の柚子胡椒漬け

箸休め的な一品です。
ピリ辛に仕上げています。

材料

ハクサイ……400g
ユズコショウ……小さじ1
薄口醤油……60ml
レモン果汁……60ml
タカノツメ……1本
塩……10g
塩コンブ……10g

つくり方

1. ハクサイを適宜に切り、ボウルに入れる。
2. ユズコショウ、薄口醤油、レモン果汁、タカノツメ、塩を加えて混ぜ、冷蔵庫に入れて半日漬ける。
3. 塩コンブと合わせ、器に盛る。

（キノコ）

いろいろ茸の南蛮漬け

さっぱりとした仕立てで、
キノコの旨味をダイレクトに。

材料

シイタケ……2個
エリンギ……2本
ヒラタケ……2本
シメジ……2本
だし……200ml
米酢……75ml
薄口醤油……50ml
ミリン……50ml
タカノツメ（輪切り）……1本

つくり方

1. シイタケ、エリンギ、ヒラタケ、シメジをひと口大に切る。フライパンにゴマ油を熱して炒める。
2. 火が通ったら、だし、米酢、薄口醤油、ミリン、タカノツメを入れてわかす。
3. 火を止めて冷まし、冷蔵庫におく。

レモンサワーがゴクゴクすすむ 素材別おつまみ

> 旬の野菜を味わう酒のアテ

(タマネギ・ウリ)

新玉ねぎと白瓜の味噌漬け

野菜の旨味と味噌の旨味を凝縮させました。

材料

白ウリ……1本
タマネギ……1個
塩……適量
田舎味噌……60g
酒（煮切る）……大さじ2
一味トウガラシ……適量

つくり方

1. 白ウリを縦半分に切り、種を取り除く。タマネギを8等分にする（軸はつなげておく）。それぞれに塩をふる。
2. 田舎味噌、酒、一味トウガラシを合わせ、①の白ウリとタマネギを1日漬ける。
3. 洗って食べやすい大きさに切り、皿に盛る。

(サトイモ)

里芋の揚げ出し

イモっておいしいですよね。
ねっとりとした食感を味わってほしいです。

つくり方

1. サトイモの皮をむいて、4等分に切る。水から15分下ゆでする。金串がすっと通るまで。
2. 鍋にAを入れて熱し、サトイモを5分煮る。
3. 片栗粉をまぶしつけ、170℃のサラダ油で2分揚げる。
4. 器にサトイモを盛り、Bを合わせてわかした地を張る。ダイコンおろしとおろしショウガをのせ、ミョウガと万能ネギ、青ユズの皮をふる。

材料

サトイモ……1個
A
- だし……250ml
- 薄口醤油……25ml
- ミリン……25ml
- 砂糖……12g

片栗粉
サラダ油……各適量
B
- だし……150ml
- 濃口醤油……25ml
- ミリン……25ml

ダイコンおろし
おろしショウガ
ミョウガ（きざむ）
万能ねぎ（小口切り）
青ユズの皮……各適量

レモンサワーがゴクゴクすすむ 素材別おつまみ

旬の野菜を味わう酒のアテ

ナス
水茄子とズッキーニの辛味噌炒め

ピリ辛の味噌をレモンサワーで流し込むイメージですね。

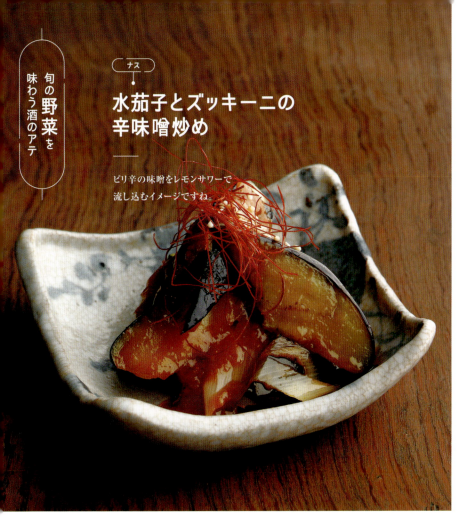

材料
- ゴマ油……適量
- 水ナス（ひと口大）……60g
- ズッキーニ（ひと口大）……30g
- 長ネギ（ななめ薄切り）……30g
- 田舎味噌……21g
- 濃口醤油……10ml
- 砂糖……10g
- 酒……15ml
- 豆瓣醤……5g
- 糸切りトウガラシ……適量

つくり方
1. フライパンにゴマ油を熱し、水ナス、ズッキーニ、長ネギを強火で炒める。
2. 火が通ったら、田舎味噌、濃口醤油、砂糖、酒、豆瓣醤を加えて、野菜にからめる。
3. 器に盛り、糸切りトウガラシをのせる。

レモンサワーがゴクゴクすすむ 素材別おつまみ

旬の野菜を味わう酒のアテ

材料
バター……30g
ホウレンソウ……80g
酒盗(カツオ)……30g
酒……60ml
カツオ節……適量

つくり方
1 フライパンにバターを入れて熱し、ざく切りにしたホウレンソウをしんなりするまで炒める。
2 酒盗と酒を加えてさらに炒める。
3 器に盛り、カツオ節をのせる。

（ホウレンソウ）

ほうれん草の酒盗バター炒め

酒盗を使うことで、
一気にお酒との相性が高まります。

旬の野菜を味わう酒のアテ

ナガイモ

長芋の辛子酢醤油漬け

シャキシャキとした食感の
ナガイモをさっぱりと。

材料

ナガイモ……1/2本
濃口醤油……150ml
ミリン……100ml
米酢……80ml
練りガラシ……小さじ1

つくり方

1 鍋に濃口醤油、ミリン、米酢を合わせてわかす。冷ます。
2 ①に練りガラシを溶かし入れ、皮をむいたナガイモをひと晩漬ける。

フキ

蕗味噌

ちびりちびりとなめながら、
お酒を楽しんでください。

材料

ゴマ油……適量
フキノトウ（きざむ）……250g
長ネギ（みじん切り）……85g
田舎味噌……250g
水……90ml
酒……90ml
ミリン……45g
砂糖……25g
卵黄……1個分

つくり方

1 フライパンにゴマ油を熱し、フキノトウと長ネギをしんなりするまで炒める。ボウルにあける。
2 田舎味噌、水、酒、ミリン、砂糖、卵黄を混ぜ合わせる。
3 ①のフライパンに再度ゴマ油を熱し、②を炒める。
4 表面がぷくぷくとわいてきたら、①のフキノトウと長ネギを加え、粘度が出るまで炒める。
5 粗熱を取って冷蔵庫で1日ねかし、味をなじませる。

レモンサワーがゴクゴクすすむ 素材別おつまみ

箸休め **身近な素材**でつくるお手軽つまみ その2

材料
生ハム……10g
オリーブ……10g
クリームチーズ……25g
ハチミツ……適量

つくり方
1 生ハムを2cm角に切る。
2 オリーブを細かくきざむ。
3 ①、②とクリームチーズを合わせ、器に盛る。ハチミツをかける。

生ハムとオリーブの クリームチーズ和え

オリーブはアンチョビ入りがおすすめ。
塩気と旨味をチーズがまとめます。

岩海苔

ワサビを添えるだけで、
一気に酒のつまみに
昇華します。

材料
生海苔……150g
濃口醤油……90g
酒……90g
ミリン……90g
ザラメ……30g
ワサビ……適量

つくり方
1 生海苔を軽く水で洗う。
2 鍋に①と濃口醤油、酒、ミリン、ザラメを入れ、弱火で煮詰める。
3 水気がなくなってきたら火を止め、粗熱を取る。器に盛り、ワサビを添える。

身近な素材でつくるお手軽つまみ

奈良漬けと
あんぽ柿バター

奈良漬けが味と食感のアクセント。
夏になったら干しガキの代わりに
ドライマンゴーでも◎。

つくり方
1 干し柿をラムに3時間浸ける。
2 奈良漬けと①を細かくきざむ。
3 有塩バター、砂糖、②を混ぜ合わせ、ラップ紙を使い、空気が入らないように直径2cmの円柱状に成形する。
4 冷蔵庫で冷やす。厚さ1cmに切り、器に盛る。

材料
干し柿……170g
ラム……20ml
奈良漬け……20g
有塩バター……200g
砂糖……適量

梅干し
薬味たたき

これもちびちび系のおつまみ。
お酒を選ばずに楽しめます。

材料
梅干し……1個
ミョウガ（きざむ）……1/4個
大葉（細切り）……1枚
長ネギ（みじん切り）……10g
カツオ節……適量

つくり方
1 梅干しの種を取り除いて包丁でたたく。
2 ミョウガ、大葉、長ネギと和える。
3 器に盛り、カツオ節をのせる。

身近な素材でつくるお手軽つまみ

お酒が欲しくなる肉系つまみ

蒸し鶏の九州醤油がけ
[鶏ムネ肉]

九州の甘口醤油と太白ゴマ油を
しっとり火入れした鶏ムネ肉に合います。

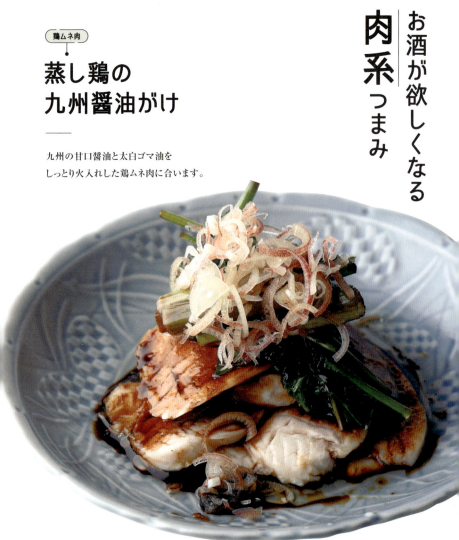

材料
- 鶏肉（ムネ）……80g
- 太白ゴマ油……30ml
- セリ（ザク切り）……40g
- 甘口醤油……15ml
- ミョウガ（きざむ）……適量

つくり方
1. 鶏肉に塩、コショウをふる。
   ビニール袋に入れて密閉し、90℃の湯で10分加熱する。
   5分ごとに裏返すと均一に火が入る。
2. 厚さ5〜6mmに切り、器に盛る。
3. フライパンに太白ゴマ油を熱し、
   セリと甘口醤油を入れたボウルにかける。
4. ③を①にかけ、ミョウガをのせる。

レモンサワーがゴクゴクすすむ 素材別おつまみ

お酒が欲しくなる 肉系つまみ

(スナギモ)

砂肝と九条ねぎの辛子明太子和え

スナギモと九条ネギを
酒飲みが大好きなメンタイコで橋渡し。

材料

スナギモ……70g
九条ネギ（ななめ切り）……50g
メンタイコ……30g
ゴマ油……15ml
一味トウガラシ
白ゴマ
糸切りトウガラシ
……各適量

つくり方

1 スナギモを掃除し、固い膜を取り除く。
80℃の湯で3分くらいゆでる。
火を入れすぎると固くなるので注意。
2 九条ネギを熱湯でさっとゆでる。
3 メンタイコをほぐして、薄皮を取り除く。
ゴマ油でのばし、
一味トウガラシを加える。
4 水気を切った①と②を③で和え、
器に盛る。白ゴマと一味トウガラシをふり、
糸切りトウガラシをのせる

(レバー)

鶏レバー オイル漬け

低温で火入れしたレバー。
ウスターソースが
意外と合います。

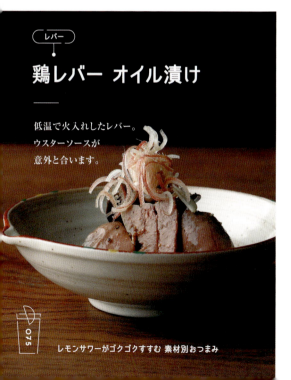

材料

鶏レバー……2個
太白ゴマ油……適量
ローリエ……1枚
ニンニク……1かけ
ウスターソース
ミョウガ（きざむ）
黒コショウ……各適量

つくり方

1 鶏レバーを掃除し、
3％の塩水（分量外）に
1時間浸ける。水気を切る。
2 太白ゴマ油にローリエ、ニンニク、
①を入れて70℃に熱し、
1時間加熱する。
3 ひと口大に切って器に盛る。
ウスターソースをかけ、
ミョウガをのせて、黒コショウをふる。

レモンサワーがゴクゴクすすむ 素材別おつまみ

鶏わさ

酒場の定番つまみ。
アクセントで
パクチーを入れてみました。

材料
鶏のササミ……1本
パクチー（みじん切り）……10g
ワサビ……10g
濃口醤油……15ml
岩海苔（乾燥）……適量

つくり方
1. 鶏のササミの筋を取り除く。熱湯で10秒ゆで、氷水に落とす。水気を切る。
2. ひと口大に切り、パクチー、ワサビ、濃口醤油で和える。
3. 器に盛り、岩海苔をふりかける。

お酒が欲しくなる 肉系つまみ

砂肝の薬味ポン酢

スナギモは
さっぱり食べてもいいですね。
コリコリの食感が最高です。

材料
スナギモ……70g
ポン酢
ミョウガ（きざむ）
白ゴマ……各適量

つくり方
1. スナギモを掃除し、固い膜を取り除く。80℃の湯で3分くらいゆでる。火を入れすぎると固くなるので注意。
2. 器に水気を切った①を盛り、ポン酢をかける。ミョウガをのせ、白ゴマをふる。

レモンサワーがゴクゴクすすむ 素材別おつまみ

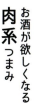

お酒が欲しくなる 肉系つまみ

モツ

もつ煮込み

普通のモツ煮です。
味の染みた野菜がおいしいんですよね。

材料

豚の白モツ……350g
豚のハツ……100g
A
　ショウガ……1かけ
　ニンニク……1かけ
　タカノツメ……1本
　酒……50ml
　水……2ℓ
ダイコン（いちょう切り）……100g
ニンジン（いちょう切り）……40g
ゴボウ（らん切り）……40g
コンニャク（ひと口大）……120g
B
　八丁味噌……80g
　田舎味噌……80g
　砂糖……25g
　濃口醤油……17g
長ネギ（小口切り）
一味トウガラシ……各適量

つくり方

1 白モツとハツを水から加熱し、わいたら5分炊く。水にさらす。
2 鍋にひと口大に切った①とAを入れ、落としぶたをして中火で1時間炊く。
3 ダイコン、ニンジン、ゴボウを20分下ゆでする。コンニャクを熱湯にくぐらせ、水気を切る。
4 ②の鍋に③、Bを入れ、15分煮る。
5 器に盛り、長ネギをのせて一味トウガラシをふる。

レモンサワーがゴクゴクすすむ 素材別おつまみ

鶏手羽

手羽とレーズンの黒酢煮

ちょっと攻めてみました。
酸味と甘味をしっかりきかせています。

> お酒が欲しくなる
> **肉系**つまみ

材料

鶏の手羽先……6本
塩
コショウ
サラダ油……各適量

A
- 水……500ml
- 酒……100ml
- 黒酢……60ml
- 濃口醤油……50ml
- 砂糖……15g
- レーズン……50g
- 長ネギ（青い部分・適宜に切る）……1本分
- ショウガ……1かけ

つくり方

1 鶏の手羽先の2本の骨に沿って、火が通りやすいように、切り込みを入れる。塩、コショウをふる。
2 サラダ油を熱したフライパンで、両面を軽く焼く。
3 鍋にAを入れて熱し、わいたら②を加えて30分煮る。

レモンサワーがゴクゴクすすむ 素材別おつまみ

お酒が欲しくなる 肉系つまみ

鶏ササミ

ささ身と白瓜の土佐酢和え

鶏わさのアレンジ版。「シャキッ」と「ねっとり」の食感の対比です。

材料

白ウリ……40g
鶏のササミ……40g
カツオ節……4g
パクチー（きざむ）……10g
濃口醤油……5ml
ゴマ油……5ml

つくり方

1. 白ウリを縦半分に切って、スプーンでワタを取り除く。厚さ5mmくらいの薄切りにする。
2. 筋を取った鶏のササミを熱湯に8〜10秒通す。
3. ①と②をカツオ節、パクチー、濃口醤油、ゴマ油で和える。

鶏カワ

鶏皮にんにく

ご近所のバーで提供している「ハーブポテトフライ」のポテト抜き（笑）。

材料

鶏カワ……1枚
ニンニク……3かけ
塩
コショウ……各適量
ローズマリー……2本
サラダ油……適量

つくり方

1. 鶏カワの脂を包丁を使ってこそげ取る。10×4cmの長方形に切る。
2. ニンニクの皮をむき、①で巻いて爪楊枝でとめる。表面に塩、コショウをふる。
3. ローズマリーを入れた60℃のサラダ油で、ニンニクに金串がすっと通り、鶏カワがカリカリになるまでじっくり揚げる。
4. 器に盛り、塩、コショウをふって、ローズマリーを添える。

レモンサワーがゴクゴクすすむ 素材別おつまみ

> お酒が欲しくなる
> # 肉系つまみ

 牛肉

牛しぐれ煮

みんな大好き、牛丼のアタマ（笑）。
紅ショウガは必須ですね。

材料

サラダ油……適量
牛肉（切り落とし）……300g
濃口醤油……45ml
酒……45ml
ミリン……45ml
ザラメ……15g
針ショウガ……15g
紅ショウガ……適量

つくり方

1 フライパンにサラダ油を熱し、牛肉を炒める。
2 色づいたら濃口醤油、酒、ミリン、ザラメ、針ショウガを加え、さっと煮る。
3 器に盛り、紅ショウガをのせる。

豚肉

焼豚
ガリ甘酢漬け添え

しっとりしたチャーシューです。
苦味のあるドリンクと好相性です。

材料

豚肉（肩ロース）……420g
塩
コショウ……各適量
A
　水……130ml
　濃口醤油……50ml
　酒……50ml
　ミリン……50ml
　砂糖……10g
　長ネギ（青い部分）……1本分
　ショウガ……1かけ
　ニンニク……1個
　八角……1個
　タカノツメ……1本
　ショウガの甘酢漬け*……適量

＊ショウガをやわらかくなるまでゆで、水200ml、米酢100ml、タカノツメ1本、塩、砂糖各適量を合わせた地に1日漬ける。

つくり方

1 豚肉に塩、コショウをふり、フライパンで表面が色づくまで焼く。
2 鍋にAを合わせてわかす。
3 ②に①を入れて落としぶたをし、70℃で1時間くらい煮る。
4 冷まして薄切りにし、器に盛る。ショウガの甘酢漬けを添える。③の煮汁を煮詰めてタレにしても。

レモンサワーがゴクゴクすすむ 素材別おつまみ

お酒が欲しくなる 肉系つまみ

砂肝と
にんにくの芽の
クミン炒め

どこかのインド料理店で
食べたもの。スパイスと
レモンサワーはベストマッチです。

材料

スナギモ……70g
塩
コショウ
サラダ油……各適量
ニンニク……1かけ
タカノツメ（きざむ）
……1本
クミン……小さじ1
おろしショウガ……3g
ニンニクの芽（長さ5cm）
……50g
濃口醤油……適量

つくり方

1 スナギモを掃除して固い膜を取り除く。
　塩、コショウをふる。
2 フライパンにサラダ油を熱し、ニンニク、タカノツメ、
　クミン、おろしショウガを香りが立つまで炒める。
3 ②に①とニンニクの芽を入れて炒める。
4 火が通ったら、塩、コショウをふり、
　少量の濃口醤油をたらす。

コンビーフの
じゃがいも饅頭

コンビーフ入りのポテサラから
発想しました。ルックスもいいでしょ？

材料

ジャガイモ……60g
塩
コショウ……各適量
コンビーフ……25g
だし……100ml
薄口醤油……10ml
ミリン……10ml
バター……10g
水溶き片栗粉……適量

つくり方

1 ジャガイモをやわらかくなるまで蒸す。
　皮をむいてマッシャーでつぶし、塩、コショウをふる。
2 コンビーフをひと口大に切ってつぶし、塩、コショウをふる。
3 ①で②を包んで饅頭形に成形し、4～5分蒸す。
4 鍋にだし、薄口醤油、ミリン、バターを合わせて熱し、
　水溶き片栗粉をくわえてとろみをつける。
5 ③を器に盛り、④をかける。

レモンサワーがゴクゴクすすむ 素材別おつまみ

箸休め 身近な素材でつくるお手軽つまみ その3

いぶりがっことクリームチーズの味噌漬け

いぶりがっことクリームチーズ。
ぜひ、一緒に食べてください。

材料
西京味噌……240g
酒粕……40g
酒（煮切る）……22ml
ミリン……9ml
クリームチーズ……150g
いぶりがっこ
（市販品）……100g

つくり方
1. 西京味噌、酒粕、酒、ミリンを合わせる。広げたラップ紙に塗る。
2. クリームチーズを水で湿らせたキッチンペーパーで包み、①のラップ紙でくるむ。冷蔵庫に入れ、最低2日おく。
3. いぶりがっこを厚さ5mmくらいに切り、ひと口大に切った②と一緒に器に盛る。

味つけ玉子

みんなが大好きな定番つまみ。
半熟に仕上げましょう。

材料
水……80ml
濃口醤油……70ml
ミリン……40ml
酒……30ml
砂糖……大さじ2
卵……1個

つくり方
1. 鍋に水、濃口醤油、ミリン、酒、砂糖を合わせてわかし、冷ます。
2. 卵を沸騰した湯で6分ゆで、冷水に落とす。
3. 殻をむいて①の地に2時間浸ける。

大和芋いそべ揚げ

小ぶりにつくっているので、ぱくぱく食べられます。
小腹がすいたときに。

材料

大和イモ……200g
片栗粉……小さじ2
塩……適量
ミリン……5ml
ワサビ
焼き海苔
濃口醤油……各適量

つくり方

1. 大和イモをすりおろす。
2. 片栗粉、塩、ミリン、少量のワサビと混ぜ合わせる。
3. ②を焼き海苔でくるみ、170℃のサラダ油で2分揚げる。器に盛り、ワサビと濃口醤油を添える。

のり塩風わんたん

湖池屋の「のり塩」に
インスパイアされた品(笑)。
ジャガイモより楽ちんです。

材料

ワンタンの皮……1枚
サラダ油
塩
コショウ
あおさ海苔……各適量

つくり方

1. ワンタンの皮を4×6cmくらいに切る。
2. 170℃のサラダ油できつね色になるまで揚げる。
3. 器に盛り、塩、コショウ、あおさ海苔をふる。

身近な素材でつくるお手軽つまみ

春きゃべつとカニかまの コールスロー

コールスローが大好きです。
カニかまを入れて、気軽にもっとおいしく。

材料

- キャベツ……70g
- カニかま……30g
- A
  - マヨネーズ……90g
  - レモン果汁……大さじ1
  - 牛乳……60ml
  - 粉チーズ……60g
  - 粒マスタード……小さじ1
  - おろしニンニク……小さじ1/2
  - コショウ……適量
- タマネギ(薄切り)……30g
- コショウ……適量

つくり方

1 キャベツをざく切りにして、塩湯で1分くらいゆでる。水気を切る。カニかまを縦にさく。

2 Aを合わせて、①と水にさらしたタマネギを和える。器に盛り、コショウをふる。

おつまみサラダと飲ませる惣菜

レモンサワーがゴクゴクすすむ 素材別おつまみ

おつまみサラダと飲ませる惣菜

アスパラガス

アスパラと新玉ねぎの塩昆布和え

春の野菜を合わせた健康志向つまみ。
塩コンブはなんにでも合いますね。

材料

アスパラガス……1本
タマネギ（薄切り）……30g
太白ゴマ油……10ml
塩コンブ……5g
白ゴマ
塩
カツオ節……各適量

つくり方

1. アスパラガスを
   熱湯で3分ゆでる。
   冷水に落とす。
   長さ4cmくらいに切る。
2. ①と水にさらしたタマネギを
   太白ゴマ油、塩コンブ、
   白ゴマで和える。塩をふる。
3. 器に盛り、カツオ節をのせる。

ネギ

九条ねぎのじゃこ炒め

こういう気のきいた一品が
食卓に出てくるといいですよね。

材料

ゴマ油……適量
九条ネギ（ななめ切り）……70g
ジャコ……30g
シシトウ……50g
酒……75ml
ミリン……15ml
薄口醤油……10ml
濃口醤油……5ml
白ゴマ……適量

つくり方

1. フライパンにゴマ油を熱し、九条ネギ、
   水で洗ったジャコ、ヘタを取ったシシトウを
   しんなりするまで炒める。
3. 酒、ミリン、薄口醤油、
   濃口醤油を加えてさっと炒める。
   器に盛り、白ゴマをふる。

レモンサワーがゴクゴクすすむ 素材別おつまみ

> おつまみサラダと
> 飲ませる惣菜

ナス・生ハム

水茄子と生ハムの
ごま酢和え

水ナスの甘味と生ハムの塩気、
ゴマのコクが
相乗効果を生み出します。

材料

水ナス……1/4本
生ハム……30g
ゴマペースト……30g
土佐酢*……60ml
白ゴマ……適量

＊だし、米酢、ミリン、薄口醤油を3対2対1対1で合わせて熱し、追いガツオをする。市販のポン酢をだしでのばし、砂糖を加えても。

つくり方

1 水ナスを手で
   ひと口大にちぎる。
   生ハムを手で
   適宜の大きさにさく。
2 ゴマペーストを
   土佐酢でのばす。
3 ①を②で和え、器に盛る。
   余った②をかけ、
   白ゴマをふる。

ハルサメ

春雨サラダ
四川辣油風味

ハルサメサラダの大人バージョン。
辛くするとつまみになります。

材料

ハルサメ……70g
モヤシ……40g
キュウリ（薄切り）……1/4本
ハム（細切り）……30g

A
| 濃口醤油……30ml
| 黒酢……10ml
| 砂糖……10g
| ゴマ油……5ml
| 四川辣油……5g
| だし……5ml
白ゴマ……適量

つくり方

1 ハルサメを4分ゆで、冷水に落とす。
   モヤシをゆでる。
2 水気を切った①のハルサメとモヤシ、
   キュウリ、ハムを合わせる。
3 ②をAを合わせたタレで和える。
   器に盛り、白ゴマをふる。

レモンサワーがゴクゴクすすむ 素材別おつまみ

おつまみサラダと飲ませる惣菜

【ジャガイモ】

桜海老と男爵いもの ポテトサラダ

お好み焼きをイメージしたポテサラ。
中濃ソースをたっぷりかけて。

材料

キュウリ（薄切り）……1本
ニンジン（細切り）……30g
サラダ油……適量
タマネギ（薄切り）……1/2個
塩
コショウ……各適量
ジャガイモ（男しゃく）……300g
サクラエビ……30g
ハム（細切り）……6枚
あおさ海苔
中濃ソース……各適量

つくり方

1 キュウリとニンジンを3%の塩水に1時間さらす。
2 フライパンにサラダ油を熱し、
  タマネギをしんなりするまで炒める。塩、コショウをふる。
3 ジャガイモをやわらかくなるまで蒸す。
  皮をむいて、マッシャーでつぶす。
4 水気を切った①と②、③、サクラエビ、ハムを混ぜ合わせ、
  塩、コショウをふる。
5 器に盛り、あおさ海苔をたっぷりかける。
  お好みで中濃ソースをかけて。

レモンサワーがゴクゴクすすむ 素材別おつまみ

おつまみサラダと飲ませる惣菜

材料

あおさ海苔……5g
九条ネギ（ななめ切り）……15g
濃口醤油……大さじ1
豆腐（絹ごし）……1/4丁
太白ゴマ油……大さじ2
カツオ節……適量

つくり方

1. あおさ海苔、九条ネギ、濃口醤油をボウルに合わせる。
2. 熱した太白ゴマ油を加え、器に盛った豆腐にかける。カツオ節をのせる。

ネギ

九条ねぎとあおさの冷奴

あおさ海苔で磯の風味、
太白ゴマ油で
コクをプラスしています。

レモンサワーがゴクゴクすすむ 素材別おつまみ

おつまみサラダと飲ませる惣菜

(切干ダイコン)

切干大根と
シーチキンのサラダ

ダイコンを切るのが面倒な人へ(笑)。
切干ダイコンは
ポテンシャルを秘めています。

材料

切干ダイコン……70g
シーチキン……30g
マヨネーズ……40g
レモン
コショウ……各適量

つくり方

1. 切干ダイコンを洗い、水でもどす。食べやすい長さに切る。
2. シーチキンのオイルを切って①と合わせ、マヨネーズで和える。
3. 器に盛り、レモンを搾って、コショウをふる。

(ヒジキ)

ひじきと大豆の白和え

大好きなヒジキを白和えにして
食べやすくしました。

材料

ヒジキ……35g(もどす前)
A
  だし……400ml
  濃口醤油……40ml
  ミリン……30ml
  砂糖……20g
大豆水煮……100g
豆腐(絹ごし)……1丁
B
  ゴマペースト……15g
  砂糖……14g
  薄口醤油……2ml
  塩……適量
白ゴマ……適量

つくり方

1. ヒジキを水でもどす。
2. Aを鍋で合わせて①を入れ、落としぶたをして中火で炊く。大豆の水煮を加えて、煮汁がなくなるまでさらに炊く。
3. 豆腐の水を切る。Bと合わせてなめらかになるまでミキサーで混ぜる。
4. ②を③で和え、器に盛る。白ゴマをふる。

レモンサワーがゴクゴクすすむ 素材別おつまみ

おつまみサラダと飲ませる惣菜

ゴボウ・セロリ

新ごぼうとセロリの
カレーきんぴら

カレーと醤油の組合せは抜群です。
それをきんぴらに応用しました。

材料

ゴボウ（たんざく切り）……150g
ゴマ油……適量
セロリ（ななめ切り）……150g
タカノツメ……1本
濃口醤油……15ml
ミリン……15ml
砂糖……3g
カレー粉……3g
白ゴマ……適量

つくり方

1 ゴボウを水から20分下ゆでする。
   水気を切る。
2 フライパンにゴマ油を熱し、①、セロリ、
   種を抜いたタカノツメを炒める。
3 しんなりしてきたら、濃口醤油、
   ミリン、砂糖、カレー粉を加えて、
   水分がとぶまでさらに炒める。
4 器に盛り、白ゴマをふる。

レモンサワーがゴクゴクすすむ 素材別おつまみ

おつまみサラダと飲ませる惣菜

材料
ソラマメ……10個
塩……適量
エビ……1尾
酒……適量
シイタケ……1個

つくり方
1. 塩湯でサヤからむいたソラマメを3～4分ゆでる。ざるに上げて、薄皮をむく。
2. 塩をふり、マッシャーでつぶす。固く感じたら、少量のだし（分量外）でのばす。
3. エビをゆで、1cm角に切る。シイタケをグリラーで焼き、酒と塩をふる。薄切りにする。
4. ②と③を合わせる。

(ソラマメ)

海老と椎茸のずんだ和え

名古屋の割烹で出してもらいました。
ソラマメの食べ方としてはベストかも。

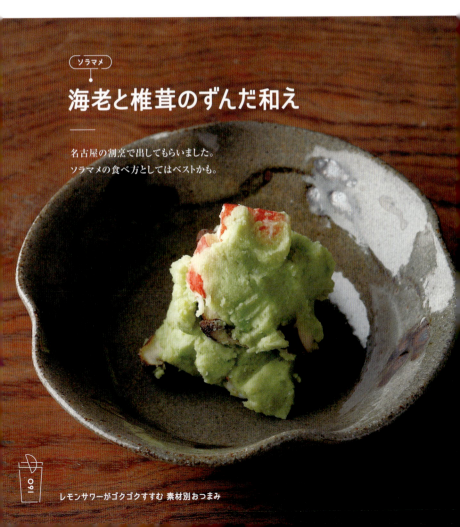

卯の花

おから

鶏挽き肉やシイタケで旨味を加えたおからです。
ボクはお代わりしたくなっちゃいます。

おつまみサラダと飲ませる惣菜

材料

ゴマ油……適量
鶏挽き肉 (モモ) ……100g
油揚げ (きざむ) ……2枚
長ネギ (小口切り) ……40g
シイタケ (薄切り) ……35g
ニンジン (せん切り) ……13g
おから……150g
A
[だし……200ml
  薄口醤油……25ml
  濃口醤油……15ml
  ミリン……25ml
  砂糖……7ml]

つくり方

1. フライパンにゴマ油を熱し、鶏挽き肉を弱火で炒める。
2. 色づいたら、油揚げ、長ネギ、シイタケ、ニンジンを加えてさらに炒める。
3. しんなりしてきたら、おからを入れて油となじませる。
4. Aを加えて、水分が少し残るくらいまで炊く。

レモンサワーがゴクゴクすすむ 素材別おつまみ

おつまみサラダと飲ませる惣菜

（切干ダイコン）

切干大根のキムチ

つくりおきして、冷蔵庫で保管しておくといいですよ。

材料
A
- だし……300ml
- 米酢……120ml
- レモン果汁……20ml
- おろしショウガ……20g
- おろしニンニク……15g
- 砂糖……大さじ3
- 塩……適量
- タカノツメ（輪切り）……1本

切干ダイコン……100g

つくり方
容器にAを合わせ、水でもどして食べやすく切った切干ダイコンを3時間漬ける。

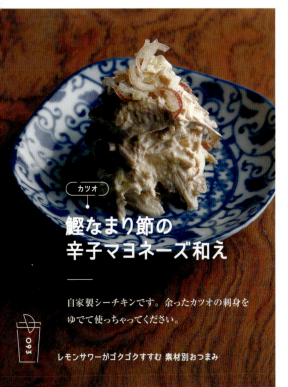

（カツオ）

鰹なまり節の辛子マヨネーズ和え

自家製シーチキンです。余ったカツオの刺身をゆでて使っちゃってください。

材料
- カツオのなまり節*1……70g
- 練りガラシ……小さじ1
- マヨネーズ……75g
- 土佐酢*2……大さじ2
- ミョウガ（きざむ）……適量

*1 市販品、もしくは余ったカツオの刺身をゆでてもOK。
*2 だし、米酢、ミリン、薄口醤油を3対2対1対1で合わせて熱し、追いガツオをする。市販のポン酢をだしでのばし、砂糖を加えてもOK。

つくり方
1 カツオのなまり節をほぐす。
2 練りガラシ、マヨネーズ、土佐酢と合わせてよく混ぜる。
3 器に盛り、ミョウガをのせる。

レモンサワーがゴクゴクすすむ 素材別おつまみ

おつまみサラダと飲ませる惣菜

材料

チクワ……1本
西京味噌……15g
練りガラシ……1g
砂糖……1g
米酢……4ml
卵黄……30g
ミョウガ（ななめ切り）……1個
万能ネギ（小口切り）……適量

つくり方

1. チクワを幅5〜6mmのななめ切りにする。
2. 西京味噌、練りガラシ、砂糖、米酢、卵黄を混ぜ合わせる。
3. ①とミョウガを②で和えて器に盛る。万能ネギをふる。

（チクワ）

ちくわと茗荷の酢味噌和え

さっぱりとした一品です。
チクワの代わりにウドを使っても。

（イチジク・生ハム）

イチジクと生ハム マスカルポーネチーズ添え

生ハムと塩気、イチジクの甘味、
チーズのコクの三位一体。

材料

イチジク……1個
砂糖……20g
だし……150ml
A
　マスカルポーネチーズ……80g
　ハチミツ……小さじ1
　砂糖……適量
　塩……適量
生ハム……1枚
そば茶……適量

つくり方

1. イチジクを縦4等分に切り、皮をむく。砂糖を加えただしに1時間浸ける。
2. Aをしっかりと混ぜる。
3. 器に①、②、生ハムを盛る。そば茶をのせる。

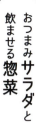

おつまみサラダと飲ませる惣菜

赤いサラスパ

お弁当の隅っこにあるアレです。
タバスコをたっぷりふって、つまみにしちゃいました。

材料

スパゲッティ（1.6mm）……100g
サラダ油……適量
ベーコン（細切り）……50g
タマネギ（薄切り）……1/2個
ピーマン（細切り）……1個
マッシュルーム（缶詰）……50g
ケチャップ……50g
タバスコ
コショウ……各適量

つくり方

1 スパゲッティを塩湯で10分ゆでる。水気を切る。
2 フライパンにサラダ油を熱し、ベーコン、タマネギ、ピーマン、マッシュルームを軽く炒める。
3 ①を②に加え、ケチャップ、タバスコ、コショウで和える。
4 冷まして器に盛り、お好みでさらにタバスコをふる。

レモンサワーがゴクゴクすすむ 素材別おつまみ

> おかわり

一村流 メシつまみ

小腹がすいたら

牛かつサンド

レアに仕上げてください。
しっかり筋切りをするのも
ポイントです。

材料

牛肉（モモ、厚さ2cm）……1枚
塩
コショウ
薄力粉
溶き卵
パン粉
サラダ油
ウスターソース……各適量
食パン（6枚切り）……2枚
ワサビ
キャベツ（せん切り）……各適量

つくり方

1 牛肉を常温にもどしておく。
   ていねいに筋切りし、塩、コショウをふる。
2 薄力粉をまぶして溶き卵にくぐらせ、パン粉をつける。
3 170℃のサラダ油で1分半〜2分揚げる。
   中心はレアで、ほんのり温かい程度に。
4 ウスターソースに浸す。
5 食パンの片面をしっかり、もう片面を軽くトーストする。
   軽くトーストした面にワサビを塗り、
   ウスターソースで和えたキャベツと④をはさむ。

小腹がすいたら 一村流メシつまみ

小腹がすいたら 一村流メシつまみ

ウスターソース玉飯

ジャンクです。
よく混ぜてかっ込んでください。
お好み焼きの味がします。

材料
ご飯……120g
卵……1個
サクラエビ
白ゴマ
万能ネギ
きざみ海苔
ウスターソース……各適量

つくり方
1 器にご飯をよそう。
2 卵、サクラエビ、白ゴマ、万能ネギ、きざみ海苔をのせる。好みの量のウスターソースをかけて。

でき上がり!

全体をかき混ぜて……

ウスターソースをたっぷりかけて……

豆腐とちりめん山椒のおかゆ

食べながら飲める
やさしい味わい。
二日酔いのときにぜひ（笑）。

小腹がすいたら 一村流メシつまみ

材料

米……1/2合
水……100ml
だし……200m
薄口醤油……20ml
ミリン……10ml
水溶き片栗粉
　……適量
豆腐（絹ごし）……1/2丁
塩
ちりめん山椒
あおさ海苔……各適量

つくり方

1. 炊飯器に米と水を入れ、おかゆを炊く。
2. だし、薄口醤油、ミリンを鍋に合わせてわかす。水溶き片栗粉を加え、とろみをつけてあんとする。
3. 手でつぶした豆腐を加え、②と一体化させる。
4. ①に塩をふって混ぜ合わせ、③をかける。ちりめん山椒とあおさ海苔をのせる。

小腹がすいたら 一村流メシつまみ

しじみの酒蒸し 稲庭うどん

貝の旨味とスダチの酸味。さっぱり食べられる〆メニューです。

材料

稲庭うどん……50g
シジミ……70g
だし……300ml
酒……40ml
塩
薄口醤油……各適量
スダチ（輪切り）……1個

つくり方

1. 稲庭うどんを4分ゆで、冷水に落としてぬめりを取る。
2. 鍋に砂抜きしたシジミ、だし、酒を入れて熱し、殻が開いたらシジミを取り出す。
3. ②の地に塩と少量の薄口醤油を加える。
4. 器に水気を切った①を盛り、③の地を張る。②のシジミとスダチをのせる。

なめろう 出汁茶漬け

酒飲みが大好きななめろうを
お茶漬けにしちゃいました。
火が入ると食感も変わります。

小腹がすいたら 一村流メシつまみ

材料

だし……300ml
薄口醤油
……小さじ1/3
ミリン……小さじ1/2
酒……小さじ1/2
塩……適量
アジ……1/2尾
ショウガ……10g
大葉……1枚
田舎味噌……5g
梅干し……5g
ご飯……120g
万能ネギ
白ゴマ
あおさ海苔
ワサビ……各適量

つくり方

1 鍋にだし、薄口醤油、ミリン、
  酒、塩を合わせて温める。
2 アジを三枚におろし、
  皮を引いて骨を抜く。
3 ショウガ、大葉、田舎味噌、梅干しと
  一緒に粘り気が出るまで、
  混ぜながら包丁でたたく。
4 茶碗にご飯をよそい、③、万能ネギ、
  白ゴマ、乾燥海苔をのせる。
  添えたワサビと①のだしと一緒に。

小腹がすいたら 一村流メシつまみ

かつサンド

ソースで和えたキャベツを
一緒に挟んで、
とんかつの皿をイメージしています。

材料

豚肉（肩ロース、
厚さ2.5cm）……1/2枚
塩
コショウ
薄力粉
サラダ油
ウスターソース
中濃ソース……各適量
食パン（6枚切り）……1枚
練りガラシ
キャベツ（せん切り）……各適量

つくり方

1 豚肉を筋切りし、塩、コショウをふる。
2 薄力粉をまぶして溶き卵とパン粉をつける。
3 170℃のサラダ油で3分くらい揚げる。
  常温に5〜10分おく。再度1分〜1分半揚げる。
4 ウスターソースと中濃ソースを
  7対3の割合で混ぜたソースに③を浸す。
5 食パンの片面をしっかり、もう片面を軽くトーストする。
  軽くトーストした面に練りガラシを塗り、
  ウスターソースで和えたキャベツと④をはさむ。

ガーリックライス

酒のつまみなので、
味はしっかり。
牛脂でコクを出しています。

小腹がすいたら　一村流メシつまみ

材料

牛脂……30g
タマネギ（みじん切り）……1/4個
おろしニンニク……5g
ご飯……120g
塩
コショウ……各適量
バター……30g
濃口醤油
万能ネギ（小口切り）
パセリ（みじん切り）
ニンニク（薄切り）……各適量

つくり方

1　フライパンに牛脂を熱し、タマネギ、おろしニンニクを入れて炒める。
2　タマネギが色づいたら、ご飯を入れてさらに炒める。
3　塩、コショウ、バターを加えて混ぜ、濃口醤油をたらす。
4　器に盛り、万能ネギとパセリをふりかける。フライパンに残った油で揚げたニンニクをのせる。

さいごに

　ボクは一流レストランで修業してきたタイプではありません。たんなる食いしん坊？ 飲んだくれ？ が、飲食の世界に迷い込んでしまっただけなんです。
　店が休みの日にはいつも食べ歩き、飲み歩きをしています。そこで得た感動や刺激を、自分なりに咀嚼して店に落とし込んで行く毎日です。だから、諸先輩方にはどうやっても追いつけないし、投資額（飲食代）も半端ないです（トホホ）。
　それでも勉強のために（？）、今宵も街に繰り出します。最初は神楽坂でビールと焼き鳥、その次は荒木町で鮎の風干しと冷酒、さらに門前仲町で穴子の煮こごりと燗酒、〆は新橋でレモンサワーかな。やっぱり、酒場は楽しい。
　読者の皆さんも一緒に酒とつまみを楽しみましょう。乾杯！（大野）

「酒肆 一村」は こんなお店です

2013年に開業した「酒亭 沿露目」に続き、16年に東京・門前仲町にオープンした酒場。コンセプトは「居酒屋以上、バー未満」。看板メニューである5種のレモンサワーのほか、日本酒、ウィスキー、焼酎など、バラエティ豊かなアルコールを揃える。フードは、和・洋・中を問わず、刺身から焼き物、揚げ物まで、酒に合うつまみを常時40品程度用意。カウンター8席、テーブル8席。

酒肆 一村
東京都江東区深川2-1-2 深川岡野ビル2F
03-5875-9963
営業時間／18時〜翌1時
定休日／日曜

酒亭 沿露目
東京都江東区富岡1-12-6 阿久津ビル1F
03-5875-8382
営業時間／17時〜翌1時
定休日／日曜

※営業時間、定休日は変わる場合があります

キンキンに冷えた 特製レモンサワーを ご用意しています！

「酒肆 一村」はこんなお店です

著者

大野尚人（おおの・ひさと）

1980年千葉県生まれ。大学卒業後、会社員として1年間働くも酒場好きがこうじて飲食の道に進むことを決意。エコール 辻 東京に1年間通ったのち、東京・銀座の「銀座KAN」に4年間、同・市ヶ谷の「煮込 肴 あて」に3年間勤務。2013年11月に同・門前仲町に「酒亭 沿露目」を開業して独立し、16年11月に同じく門前仲町にレモンサワーを売りにした「酒肆 一村」をオープン。いずれも連日、予約で満席になる人気店となっている。趣味は酒場めぐり。いまも店が休みの日には、気になる酒場のチェックを欠かさない。これまで訪れた店は数知れず。

レモンサワーと酒場のつまみ

初版印刷　2018年8月1日
初版発行　2018年8月15日

著者ⓒ　　大野尚人
発行者　　丸山兼一
発行所　　株式会社柴田書店
　　　　　〒113-8477　東京都文京区湯島3-26-9 イヤサカビル
電話　　　営業部　　03-5816-8282（注文・問合せ）
　　　　　書籍編集部　03-5816-8260
URL　　　http://www.shibatashoten.co.jp

印刷・製本　シナノ書籍印刷株式会社

本書掲載内容の無断転載・複写（コピー）・引用・データ配信等の行為は固く禁じます。
乱丁・落丁本はお取替えいたします。

ISBN978-4-388-06290-4
Printed in Japan
ⓒHisato Ohno 2018